Espírito
Espíritu Spirit

LUIS HU RIVAS

O cachorrinho Lupi saiu a dar sua voltinha pela rua, mais tarde do que de costume. Ele fez isso para não ter que dividir seus biscoitos com os outros cachorrinhos.
Tempos depois, como já começava a escurecer, Lupi se viu perdido em um outro bairro, já com fome de novo.
– Au, au! – disse Lupi, andando de um lado para o outro, sem saber como achar o caminho para sua casa.
Assim, nosso amiguinho ficou perdido, com fome e com medo.

 El perrito Lupi salió a caminar por la calle, más tarde de lo habitual. Hizo eso para no tener que compartir sus galletas con los otros perritos.
Cuando comenzó a oscurecer, Lupi se perdió, estaba en otro barrio, y nuevamente con hambre.
–Guau… guau… –dijo Lupi, caminando de un lado a otro, sin saber cómo regresar a casa.
Nuestro pequeño amigo estaba extraviado, hambriento y asustado.

 Lupi the puppy went for a walk down the street, later than usual. He did this so he wouldn't have to share his cookies with the other puppies.
Later, as it started to get dark, Lupi found himself lost in another neighborhood, already hungry again.
"Woof, woof!" said Lupi, pacing back and forth, not knowing how to return to his home.
Our little friend was lost, hungry, and afraid.

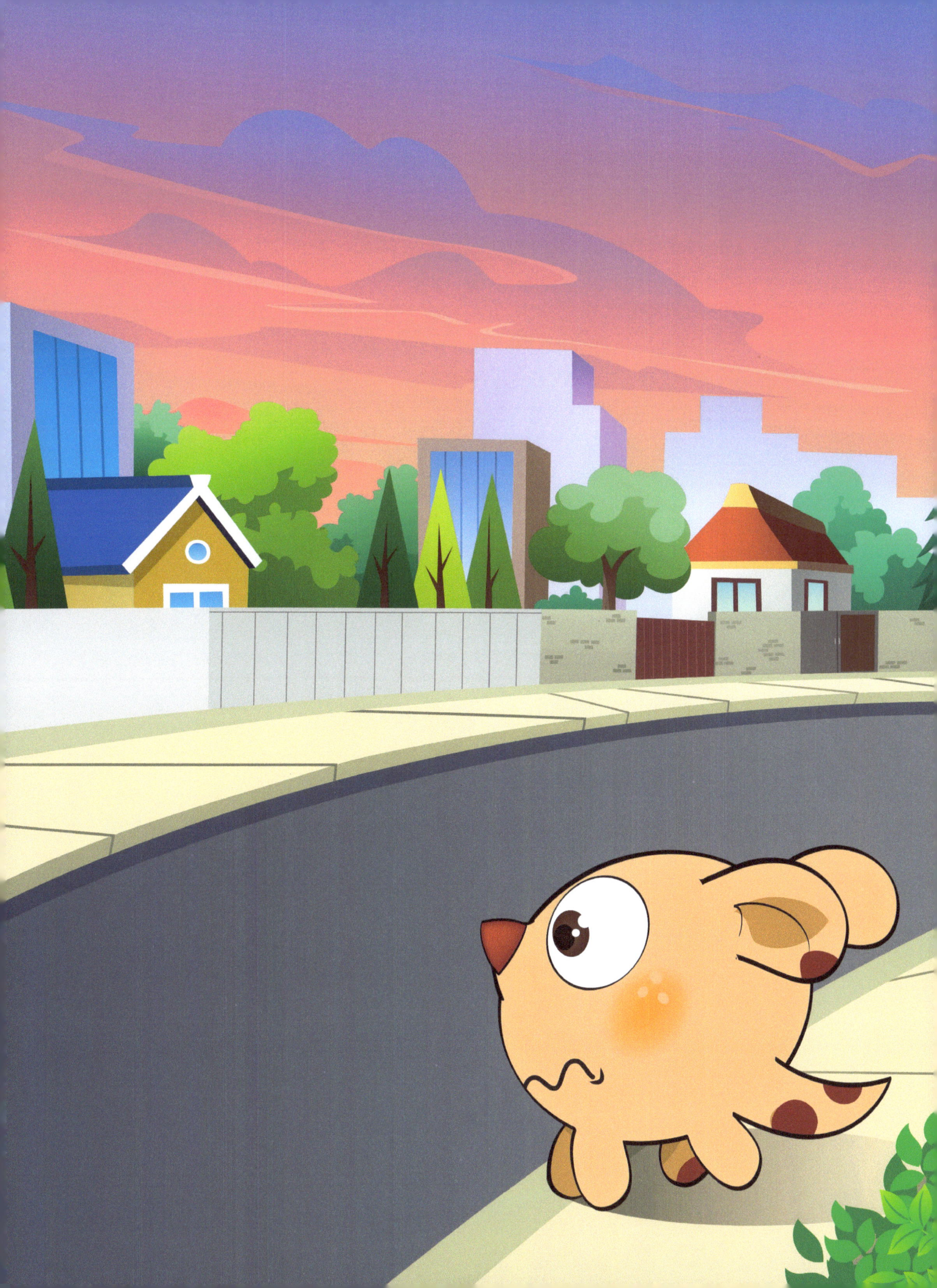

– Oh! E agora? Quem poderá me ajudar? – perguntou Lupi.
O cachorrinho decidiu andar pela outra rua, tentando achar o retorno para seu lar, quando de repente, ouviu um som.
– Que barulho é esse? – perguntou Lupi. – Acho que vem daqui.
Viu que uma luz vinha de trás de uma moita e se aproximou.
– Quem será que esqueceu este aparelho aqui? – perguntou-se o cachorrinho.
E como sempre, curioso, Lupi foi ver de perto.

 –¡Oh! ¿Y ahora? ¿Quién podrá ayudarme? –preguntó Lupi.
El perrito decidió caminar por la calle, tratando de encontrar el camino a casa, cuando de repente escuchó un sonido.
–¿Qué ruido es ese? –se preguntó Lupi.– Creo que viene de aquí.
Vio una luz que venía detrás de un arbusto y se acercó.
–¿Quién olvidó esto aquí? –preguntó el perrito.
Y, como siempre curioso, Lupi fue a verlo de cerca.

 "Oh, what do I do now? Who can help me out of this mess?" asked Lupi.
The puppy decided to walk down another street, trying to find his way back home, when suddenly he heard a sound.
"What was that?" asked Lupi. "I think it came from over here."
He saw a light shining from behind a bush and walked over to investigate.
"Did someone leave a cell phone here?" asked the puppy.
Curious as always, Lupi went to check it out.

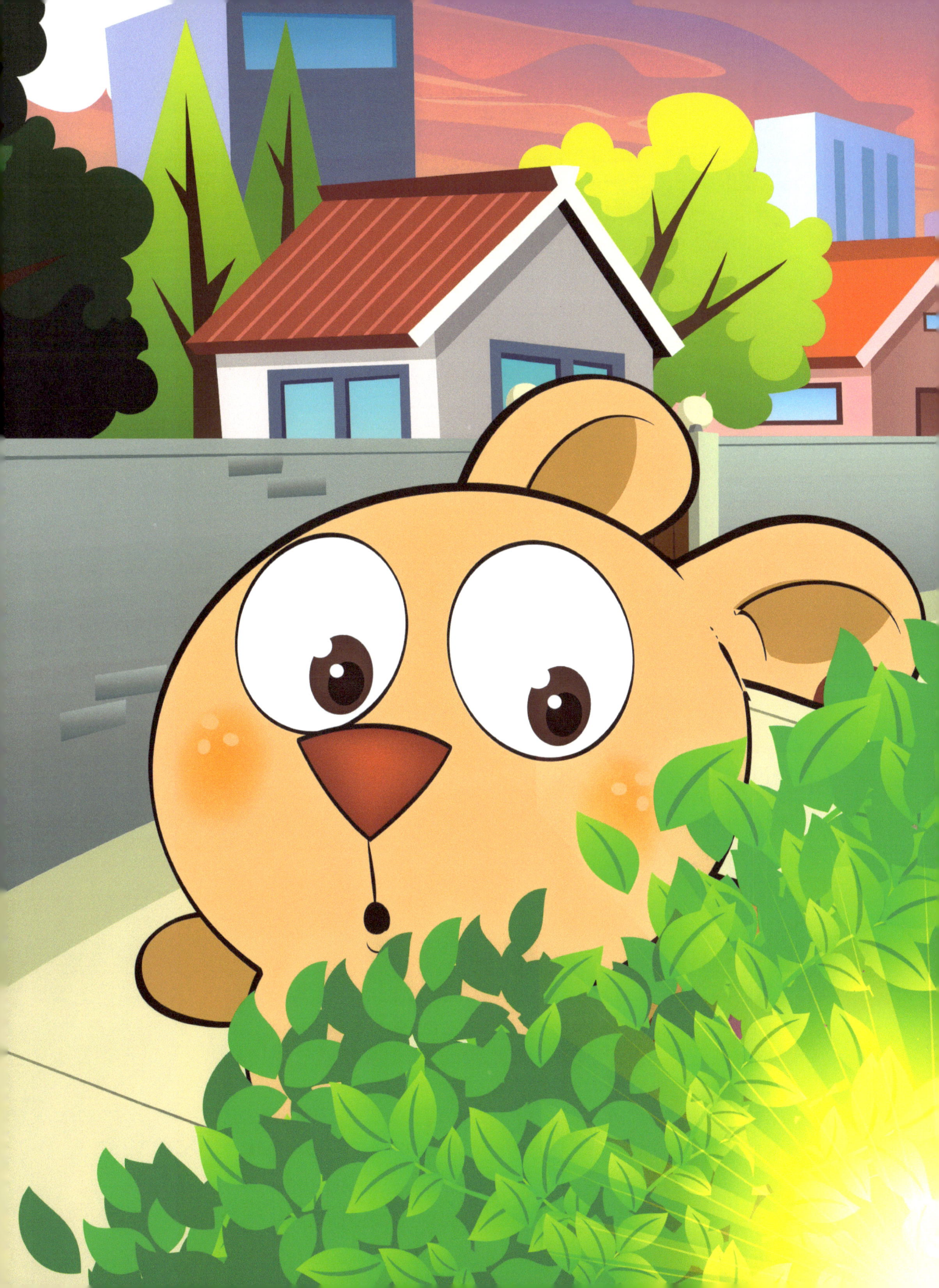

O celular começou a tocar, aparecendo uma imagem na tela.
– Será que devo atender? – perguntou-se Lupi.
– Ei! Amigo, atende aí... – pediu um simpático gênio com rosto de emoji, dentro do celular.
– Mas... Como pode falar comigo? – perguntou Lupi. – E o que faz dentro de um celular?
– Meu nome é Genius e eu posso te ajudar! – disse o gênio. – Se apertar o botão verde, você vai me libertar!
Então o cachorrinho, curioso, colocou sua patinha onde lhe foi pedido.

 El celular comenzó a sonar y una imagen apareció en la pantalla.
–¿Debo atender? –se preguntó Lupi.
–¡Oye! Amigo, atiende... –pidió un genio amigable con una cara de emoji, dentro del celular.
–Pero... ¿Cómo puedes hablar conmigo? –preguntó Lupi.– ¿Y qué haces dentro de un celular?
–¡Mi nombre es Genius y puedo ayudarte! –dijo el genio.– Si presionas el botón verde, ¡me liberarás!
Entonces el perrito curioso, puso su patita donde le pidieron.

 The cell phone started to ring, and an image appeared on the screen.
"Should I pick it up?" asked Lupi.
"Hey! Pick up the phone, pal," asked the friendly genie on the screen. He had an emoji for a face!
"But... How are you able to talk to me?" asked Lupi. "And what are you doing inside a cell phone?"
"My name is Genius and I can help you!" said the genie. "If you press the green button, you will set me free!"
Curious, Lupi did as the genie asked.

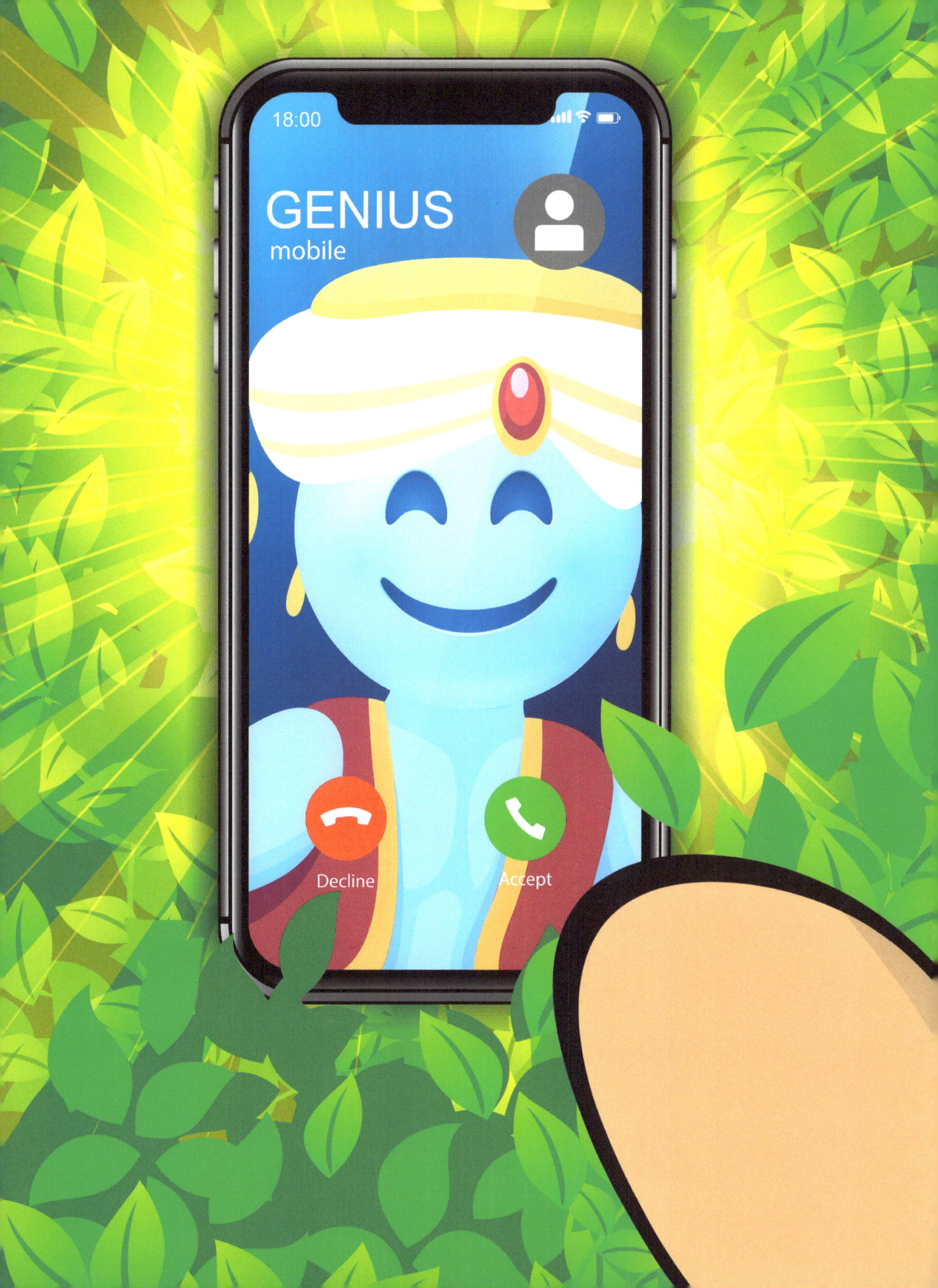

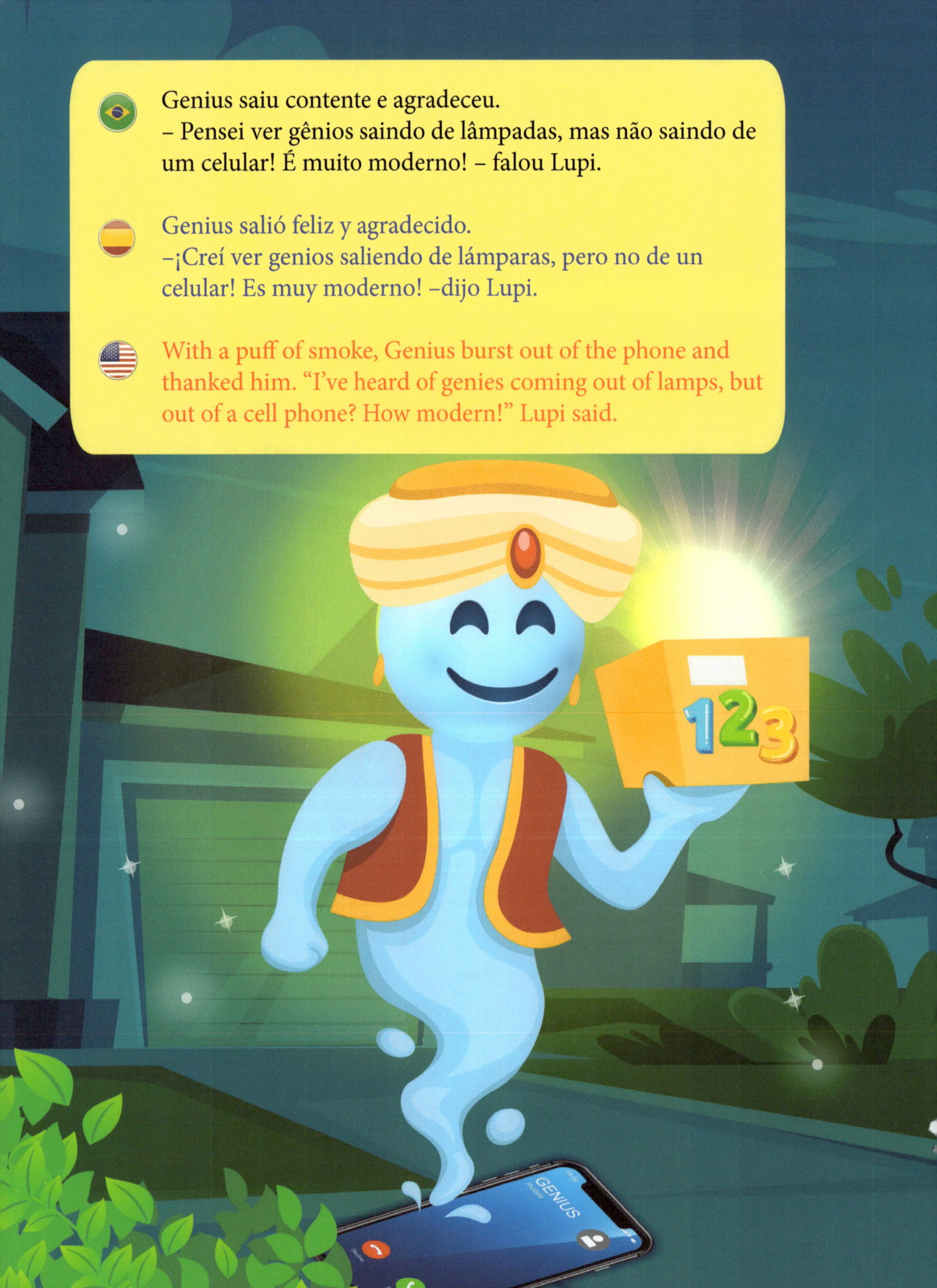

🇧🇷 Genius saiu contente e agradeceu.
– Pensei ver gênios saindo de lâmpadas, mas não saindo de um celular! É muito moderno! – falou Lupi.

🇪🇸 Genius salió feliz y agradecido.
–¡Creí ver genios saliendo de lámparas, pero no de un celular! Es muy moderno! –dijo Lupi.

🇺🇸 With a puff of smoke, Genius burst out of the phone and thanked him. "I've heard of genies coming out of lamps, but out of a cell phone? How modern!" Lupi said.

🇧🇷 – Amiguinho, os tempos mudaram! – falou o gênio. – Como eu sei que você está perdido, trouxe três presentinhos dos bons Espíritos para te ajudar.

🇪🇸 –Amiguito, ¡los tiempos han cambiado! –dijo el genio.– Como sé que estás perdido, te daré tres regalos de los buenos Espíritus para ayudarte.

🇺🇸 "Times have changed, my friend!" said the genie. "I heard you were lost, so I brought three goodies from good Spirits to help you."

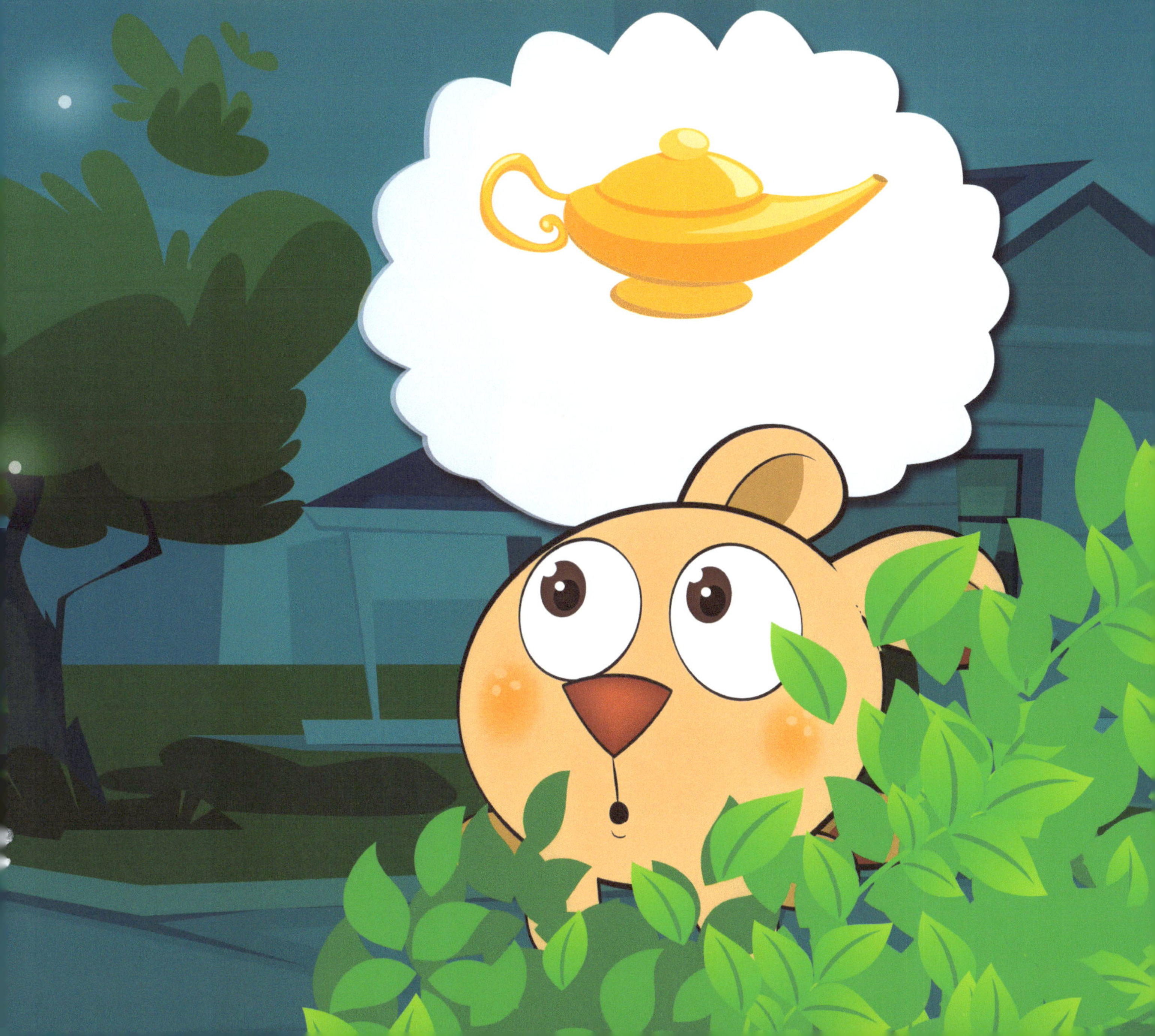

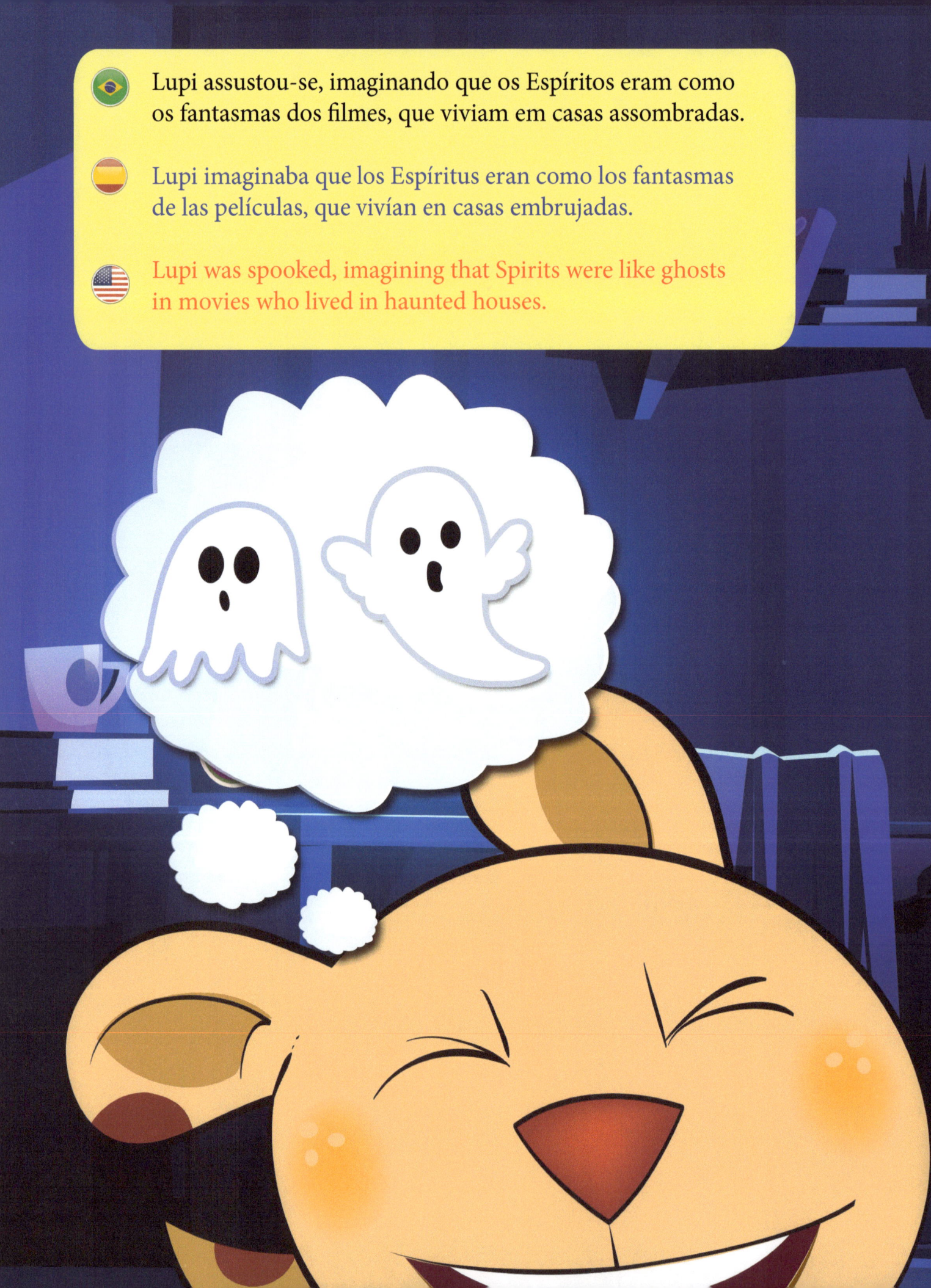

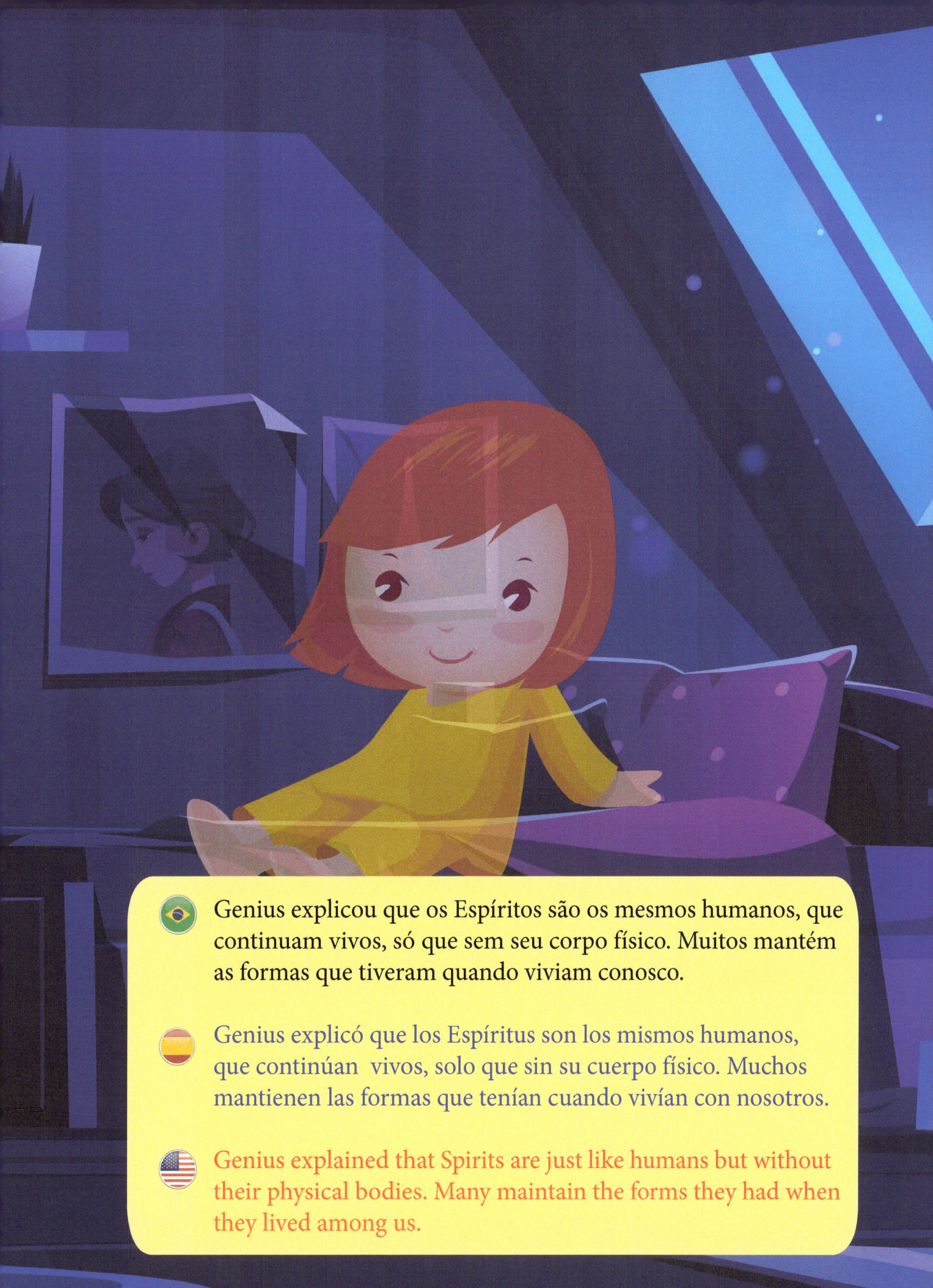

🇧🇷 Genius explicou que os Espíritos são os mesmos humanos, que continuam vivos, só que sem seu corpo físico. Muitos mantém as formas que tiveram quando viviam conosco.

🇪🇸 Genius explicó que los Espíritus son los mismos humanos, que continúan vivos, solo que sin su cuerpo físico. Muchos mantienen las formas que tenían cuando vivían con nosotros.

🇺🇸 Genius explained that Spirits are just like humans but without their physical bodies. Many maintain the forms they had when they lived among us.

🇧🇷 Existem três níveis de Espíritos. Imagine uma pirâmide dividida em três partes, e cada uma delas, um nível de Espíritos. Lupi imaginou uma pirâmide colorida e Espíritos com carinhas de emojis.

🇪🇸 Hay tres niveles de Espíritus. Imagina una pirámide dividida en tres partes, y cada una de ellas, tiene un nivel de Espíritus. Lupi imaginó una pirámide de colores y espíritus con caras de emojis.

🇺🇸 There are three orders of Spirits. Imagine a pyramid divided into three layers, each of which is a kind of Spirit.
Lupi imagined a colorful pyramid and Spirits with emoji faces.

🇧🇷 Assim como há gente boa, também há Espíritos bons. Os mais luminosos estão no nível superior, são os Espíritos Puros. No meio estão os bons Espíritos e embaixo, os imperfeitos.

🇪🇸 Así como hay buenas personas, también hay buenos Espíritus. Los más luminosos están en el nivel superior, y son los Espíritus Puros. En el medio están los buenos Espíritus y abajo, los imperfectos.

🇺🇸 Just as there are good people, there are also good Spirits. The most luminous are on the upper level; they are the Pure Spirits. In the middle are the Good Spirits, and below, the Imperfect Spirits.

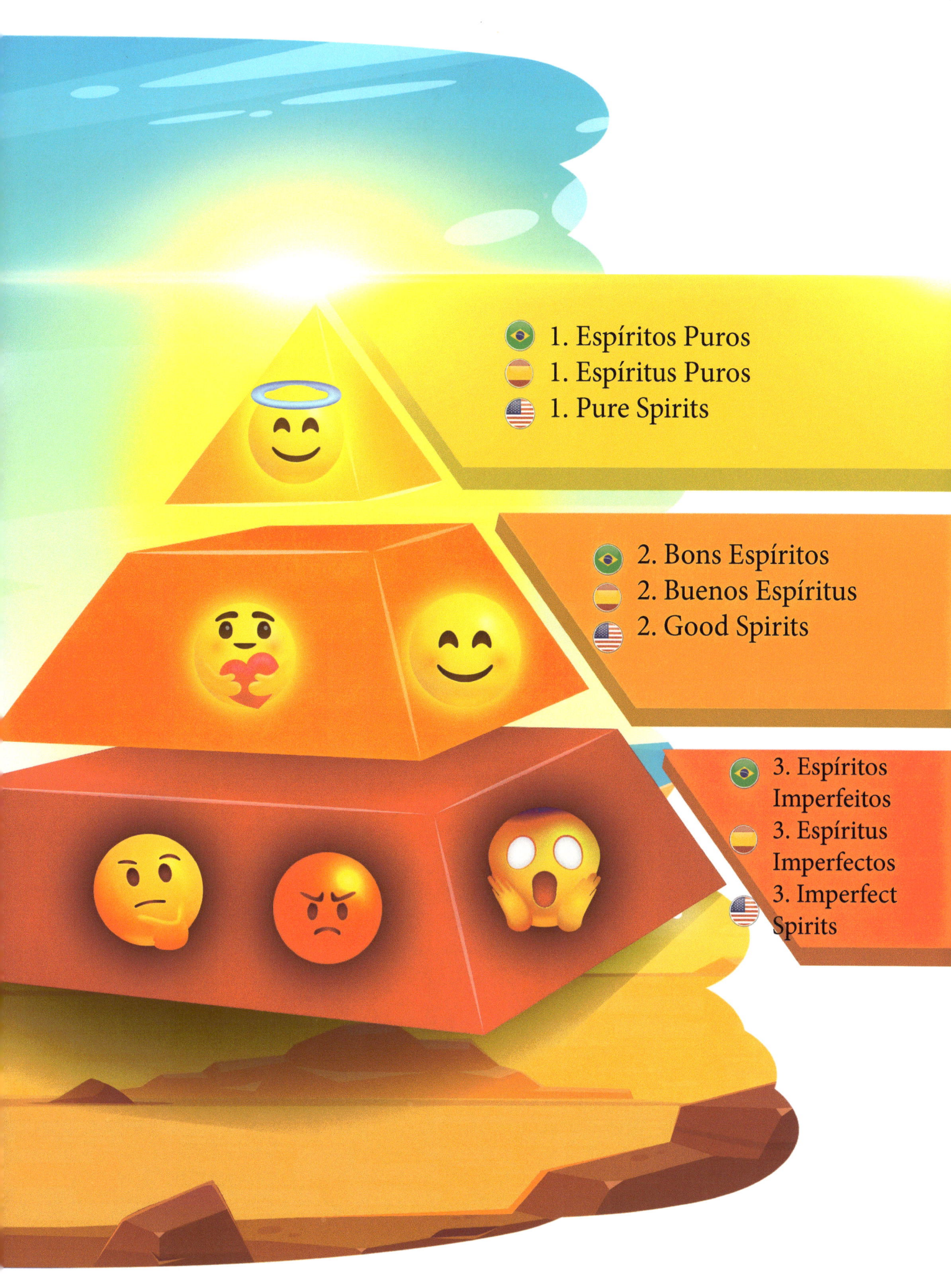

– Mas Genius, você não pode me dar três desejos, como faziam os gênios de antigamente? – pediu Lupi.
– O primeiro seria voltar para casa, o segundo acabar com minha fome, e o terceiro tirar meu medo.
– Sim! Mas vamos fazer de outro jeito... – respondeu Genius.
O gênio prometeu dar os três desejos, com três exemplos de Espíritos bons e Puros, para que ele não volte a se perder, não tenha mais fome, nem medo.

 –Pero Genio, ¿no puedes darme los tres deseos, como hacían los genios antiguos? –preguntó Lupi.
–El primer deseo sería regresar a casa, el segundo acabar con mi hambre y el tercero eliminar mi miedo.
–¡Si! Pero hagámoslo de otra manera... –respondió Genius.
El genio prometió dar los tres deseos, con tres ejemplos de Espíritus buenos y puros, para que Lupi no se vuelva a perder, y ya no tenga hambre ni miedo.

 "But Genius, can't you grant me three wishes, like the genies in the stories?" asked Lupi. "My first would be to return home, my second would be to stop feeling hungry, and my third would be to become fearless."
"Yes, I can! But let's do it another way," replied Genius. The genie promised to grant Lupi's three wishes with three examples of Good and Pure Spirits, so that he wouldn't get lost again and would no longer be hungry nor afraid.

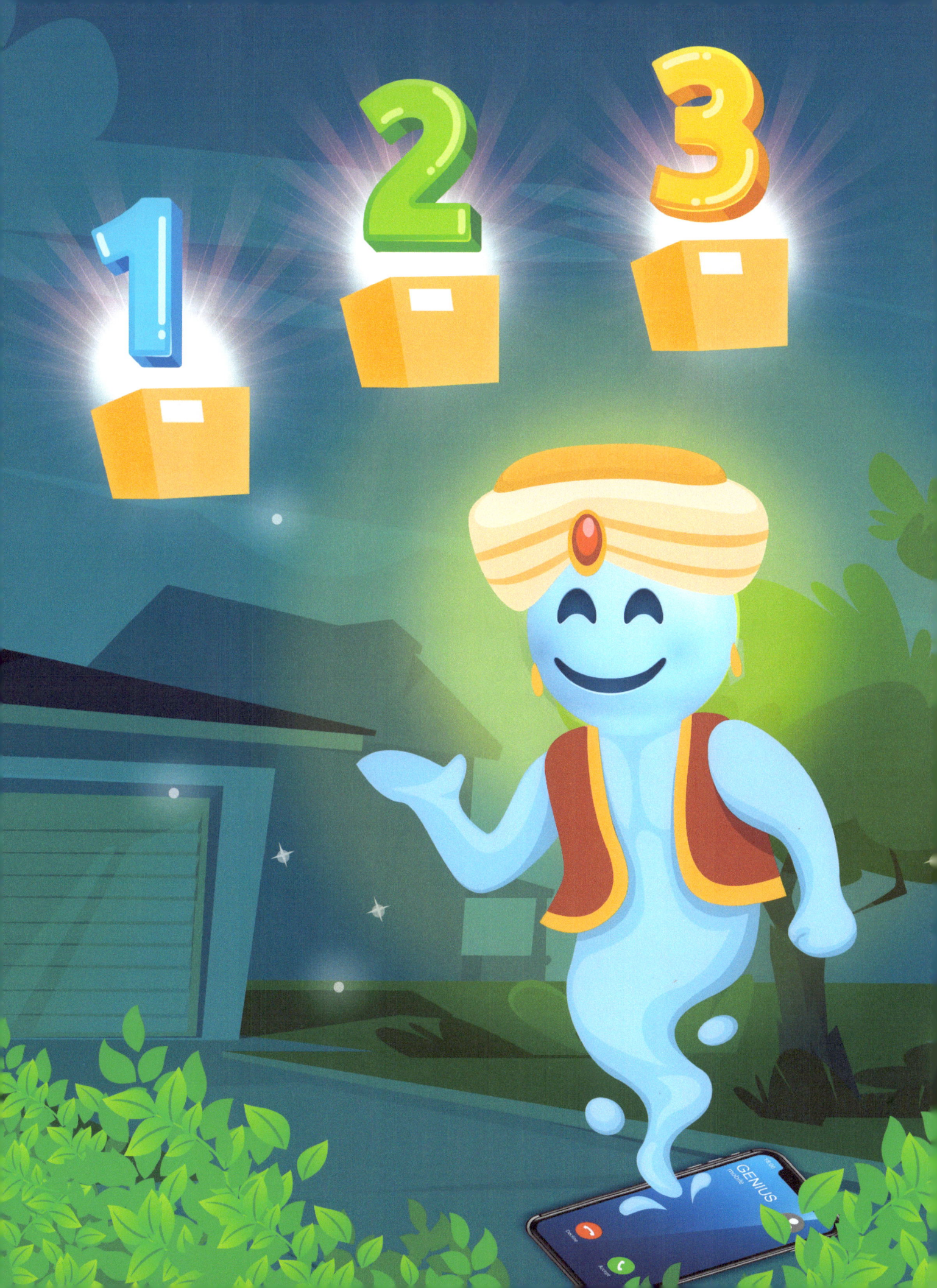

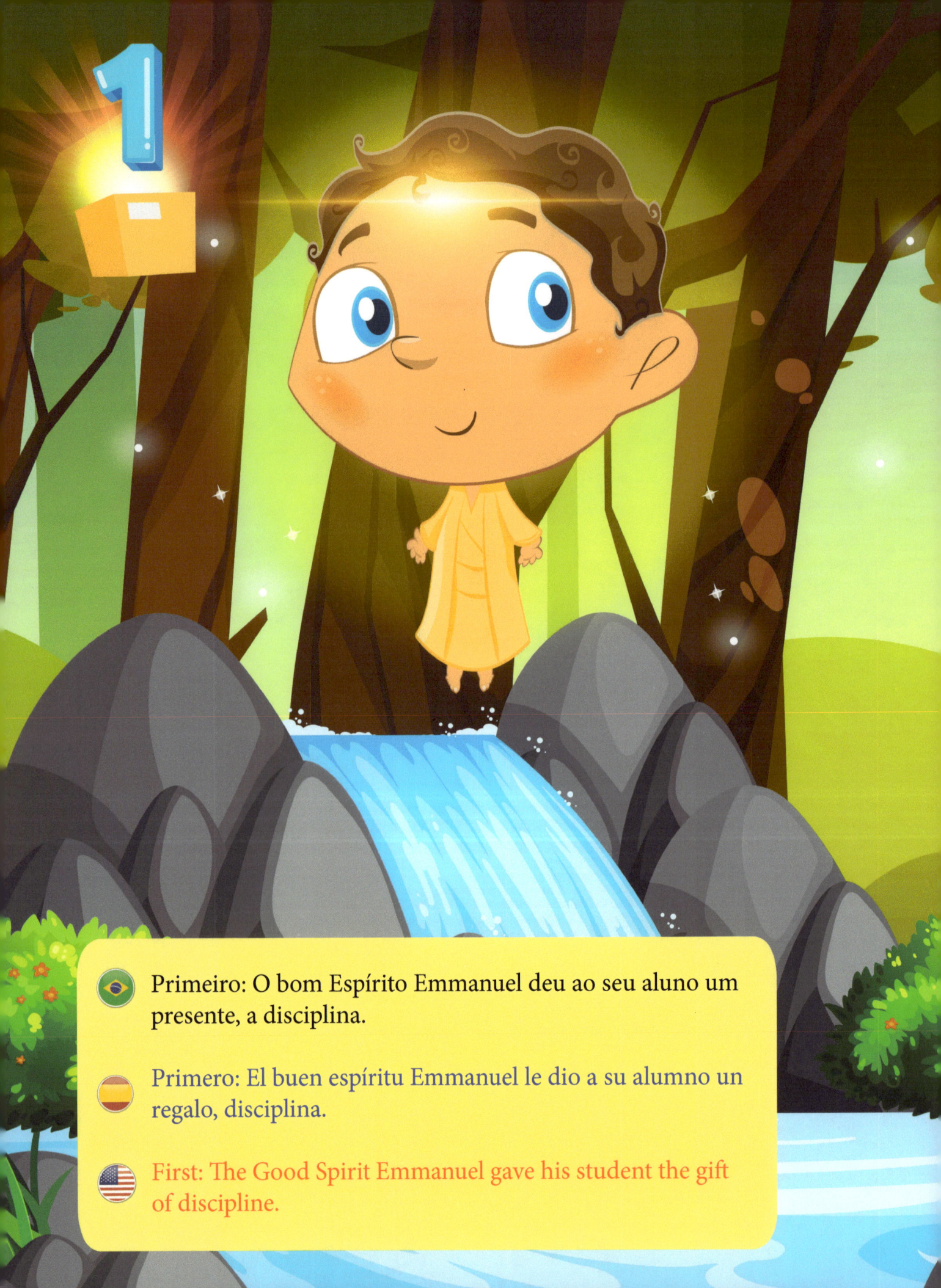

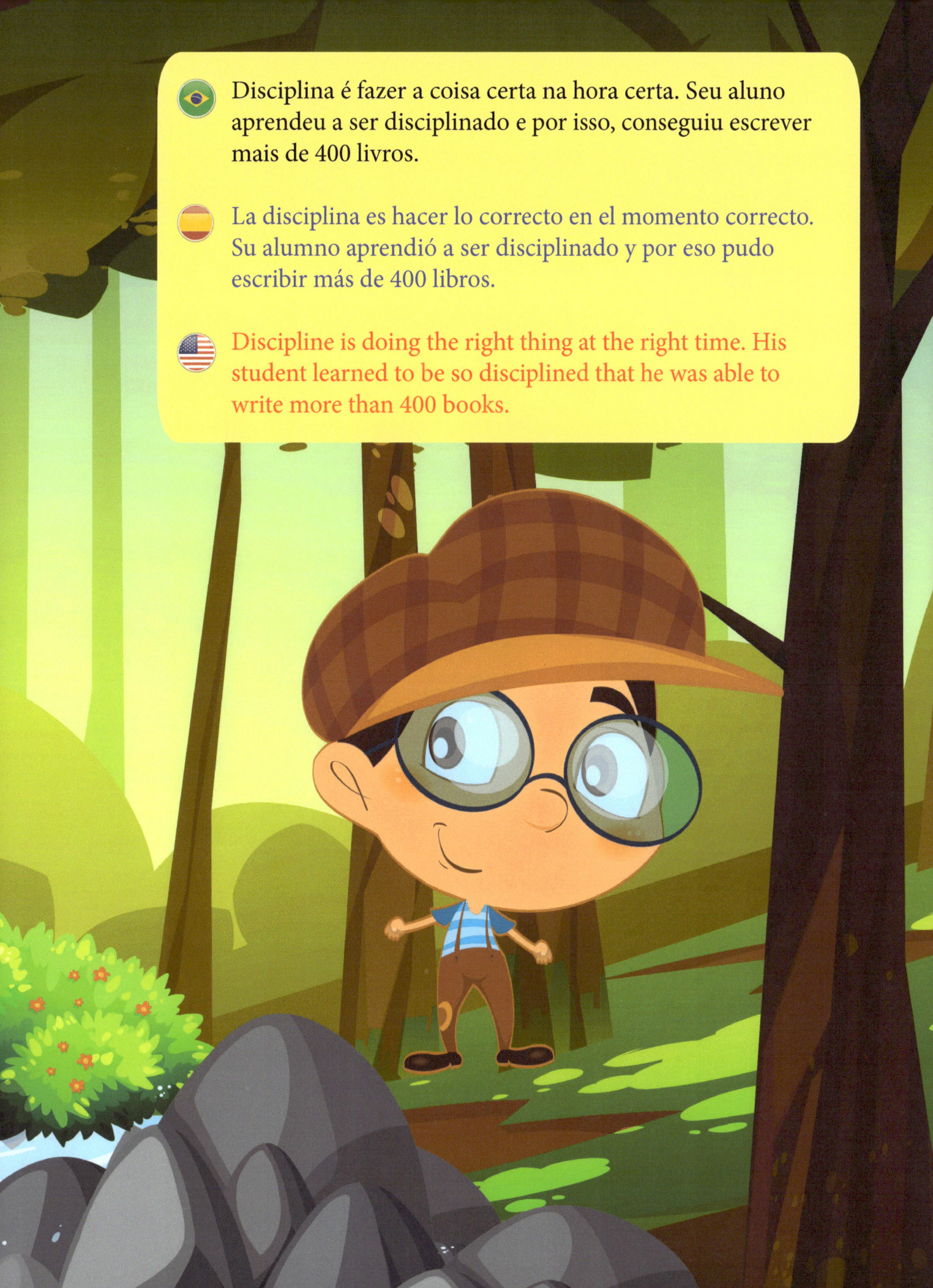

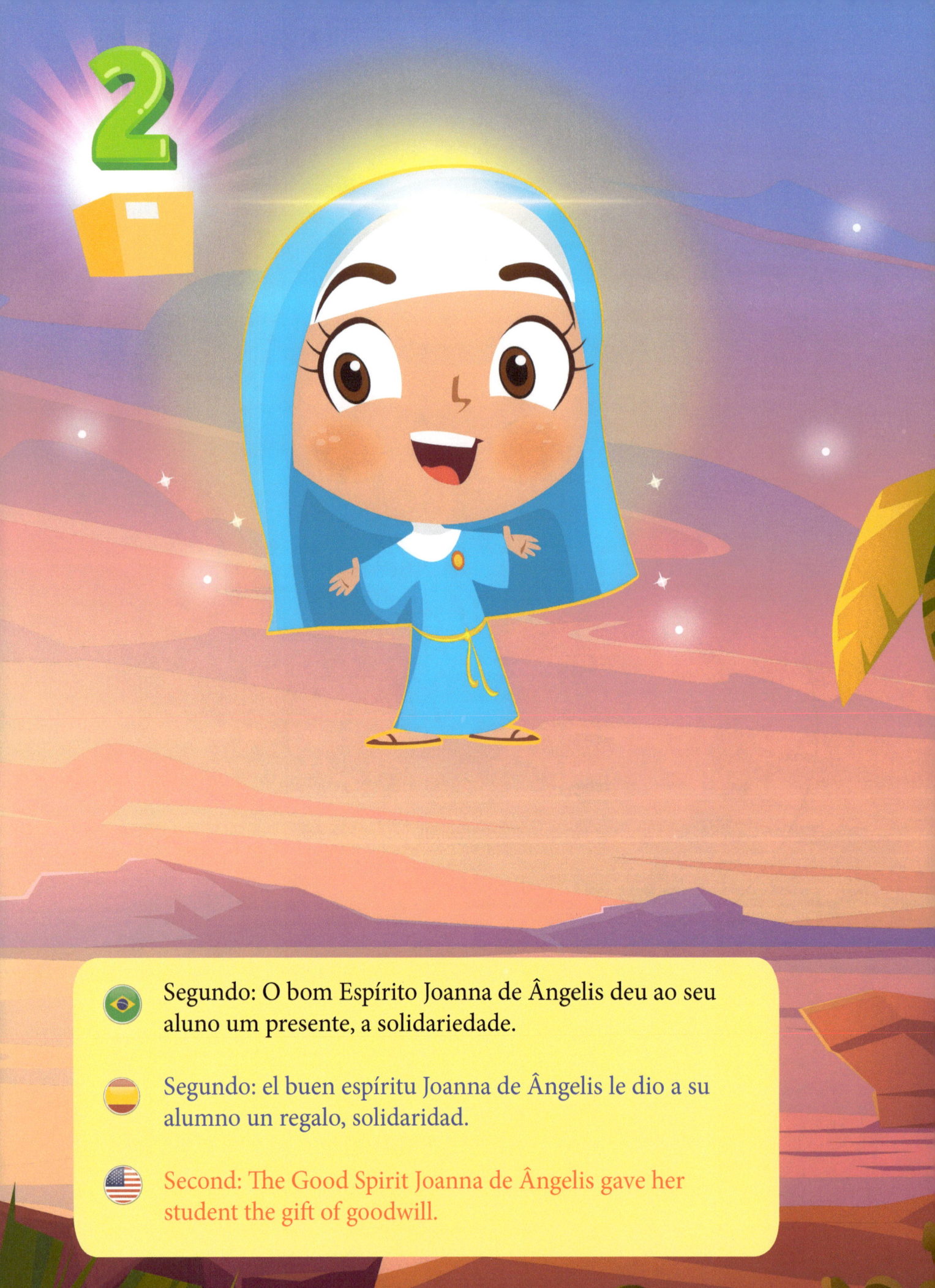

Segundo: O bom Espírito Joanna de Ângelis deu ao seu aluno um presente, a solidariedade.

Segundo: el buen espíritu Joanna de Ângelis le dio a su alumno un regalo, solidaridad.

Second: The Good Spirit Joanna de Ângelis gave her student the gift of goodwill.

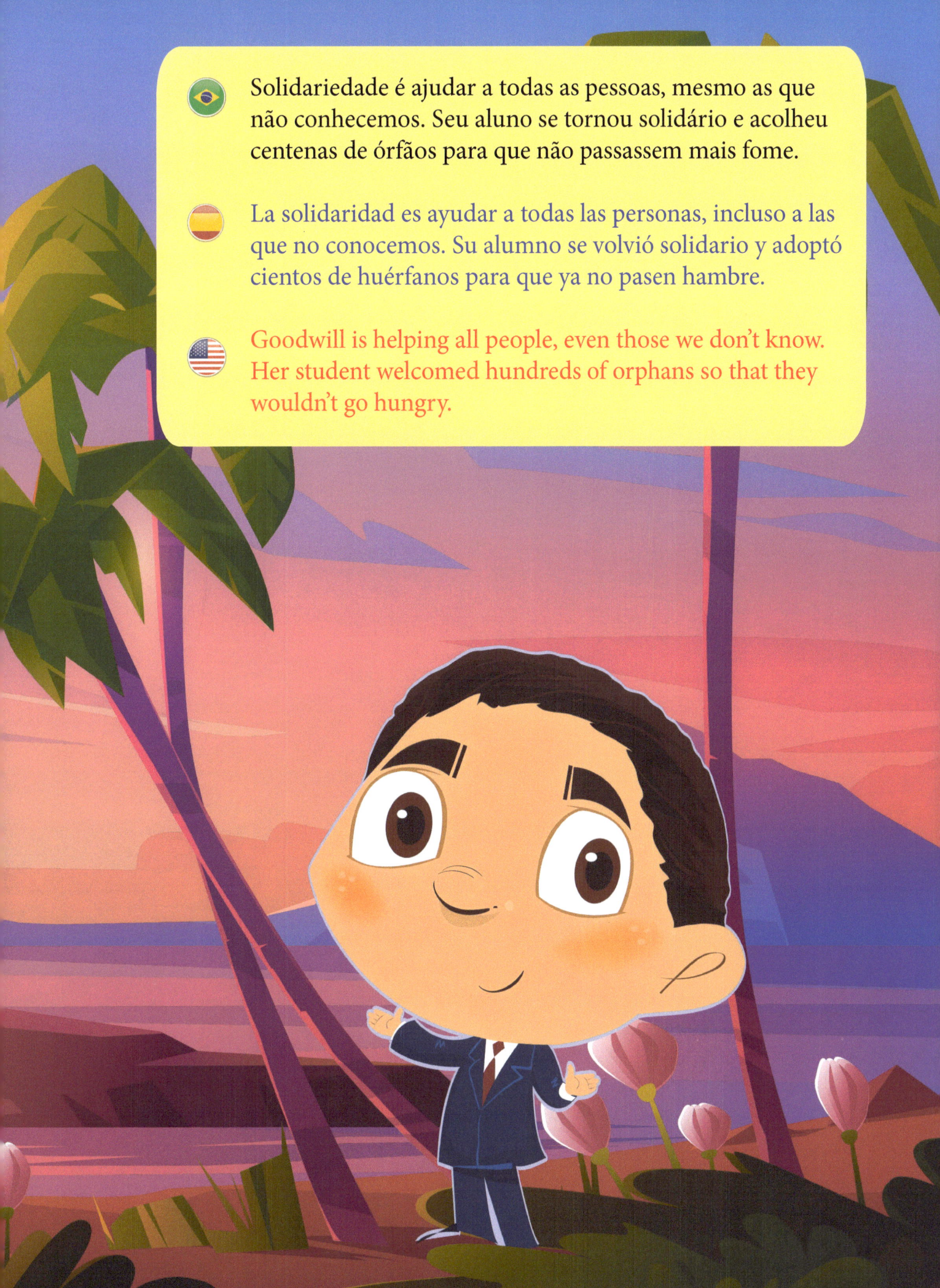

Solidariedade é ajudar a todas as pessoas, mesmo as que não conhecemos. Seu aluno se tornou solidário e acolheu centenas de órfãos para que não passassem mais fome.

La solidaridad es ayudar a todas las personas, incluso a las que no conocemos. Su alumno se volvió solidario y adoptó cientos de huérfanos para que ya no pasen hambre.

Goodwill is helping all people, even those we don't know. Her student welcomed hundreds of orphans so that they wouldn't go hungry.

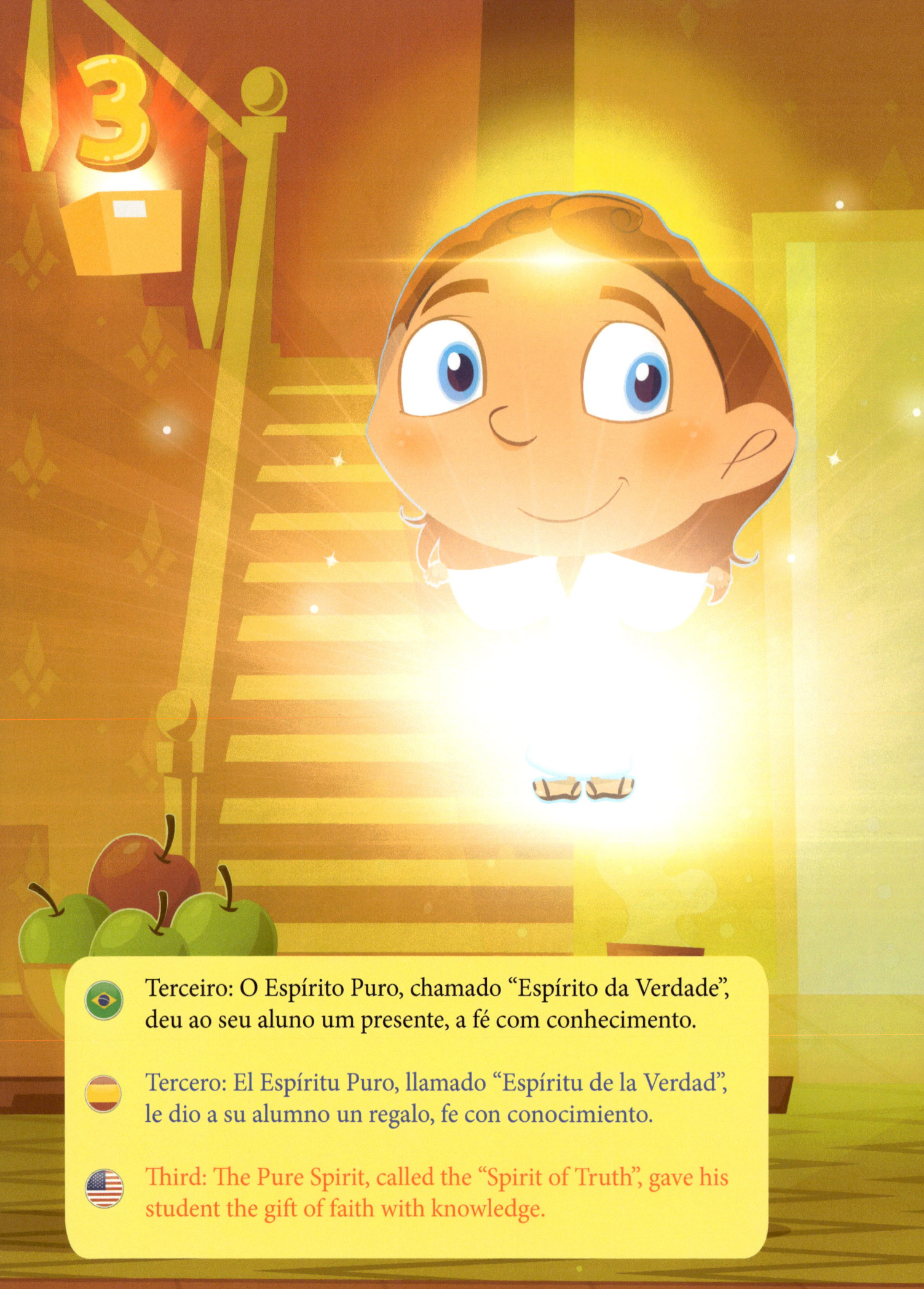

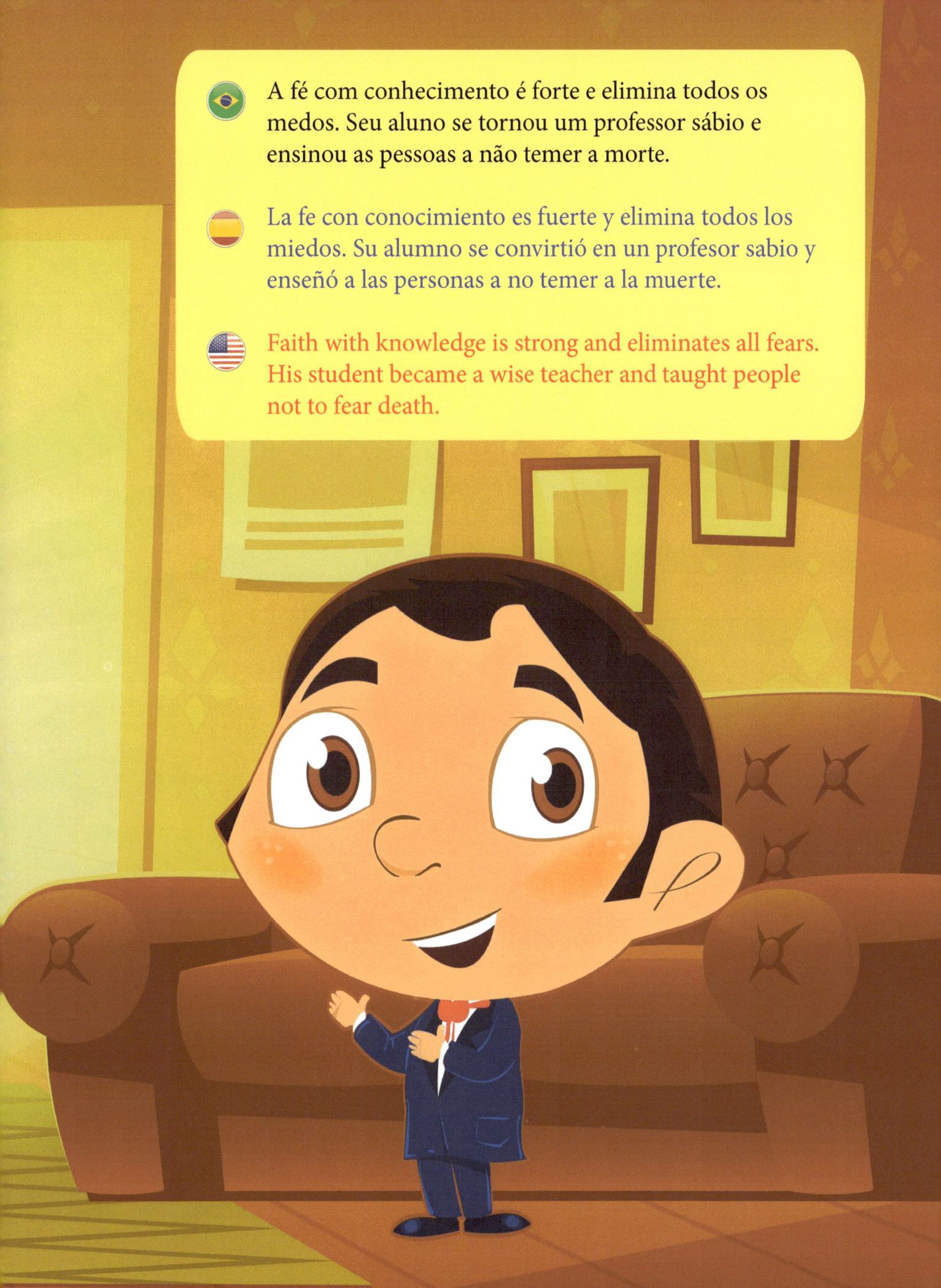

O gênio se aproximou da cabeça do cachorrinho e lhe disse:
– Eu te dou esses três presentes! Disciplina, para só sair no horário certo e não se perder mais.
Solidariedade, para compartilhar os alimentos com os outros amiguinhos.
E fé com conhecimento, para confiar na sabedoria de Deus e não temer nunca mais.
Como por magia, Lupi foi banhado por uma bela luz.

 El genio se acercó a la cabeza del perrito y dijo:
–Te doy estos tres regalos! Disciplina, solo para salir en el momento adecuado y no perderte nunca más.
Solidaridad, para compartir comida con otros amigos.
Y fe con conocimiento, para confiar en la sabiduría de Dios y no temer nunca más.
Como por arte de magia, Lupi recibió un bañó de bella luz.

 The genie approached the puppy's head and said:
"I give you these three gifts! Discipline: you will only leave at the right time and not get lost anymore.
Goodwill: you will share your food with your friends.
And faith with knowledge: you will trust in the wisdom of God and never fear again."
As if by magic, Lupi was bathed in a beautiful light.

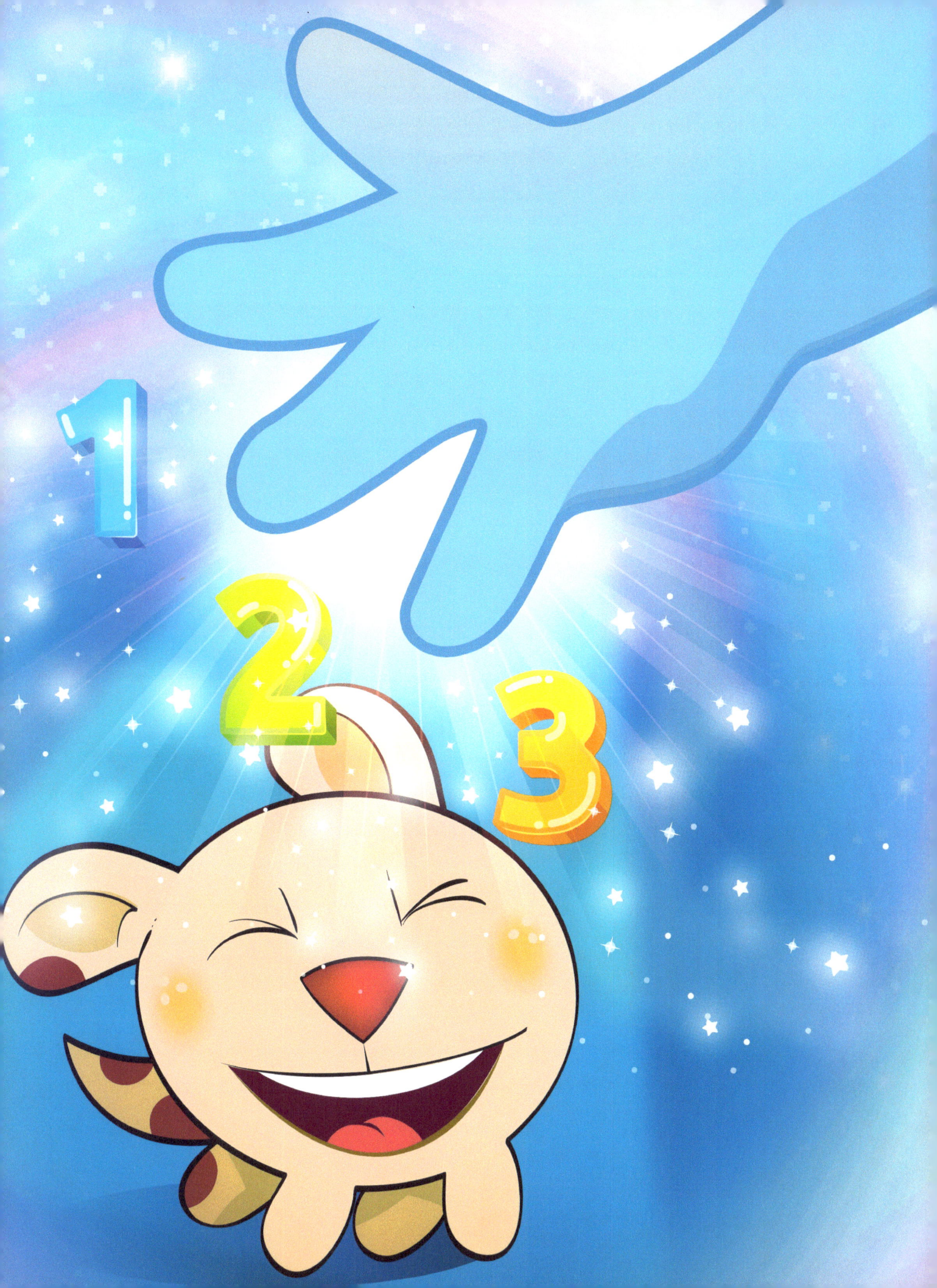

🇧🇷 Genius desapareceu assim que um carro se aproximou. Pela janela, um menino disse, contente:
– Pai! Achamos meu celular perdido!

🇪🇸 Genius desapareció en cuanto se acercó un automóvil. A través de la ventana, un niño dijo contento:
–¡Papá! ¡Encontramos mi celular perdido!

🇺🇸 Genius disappeared as soon as a car approached. Through the window, a boy happily said, "Dad! I see my lost cell phone!"

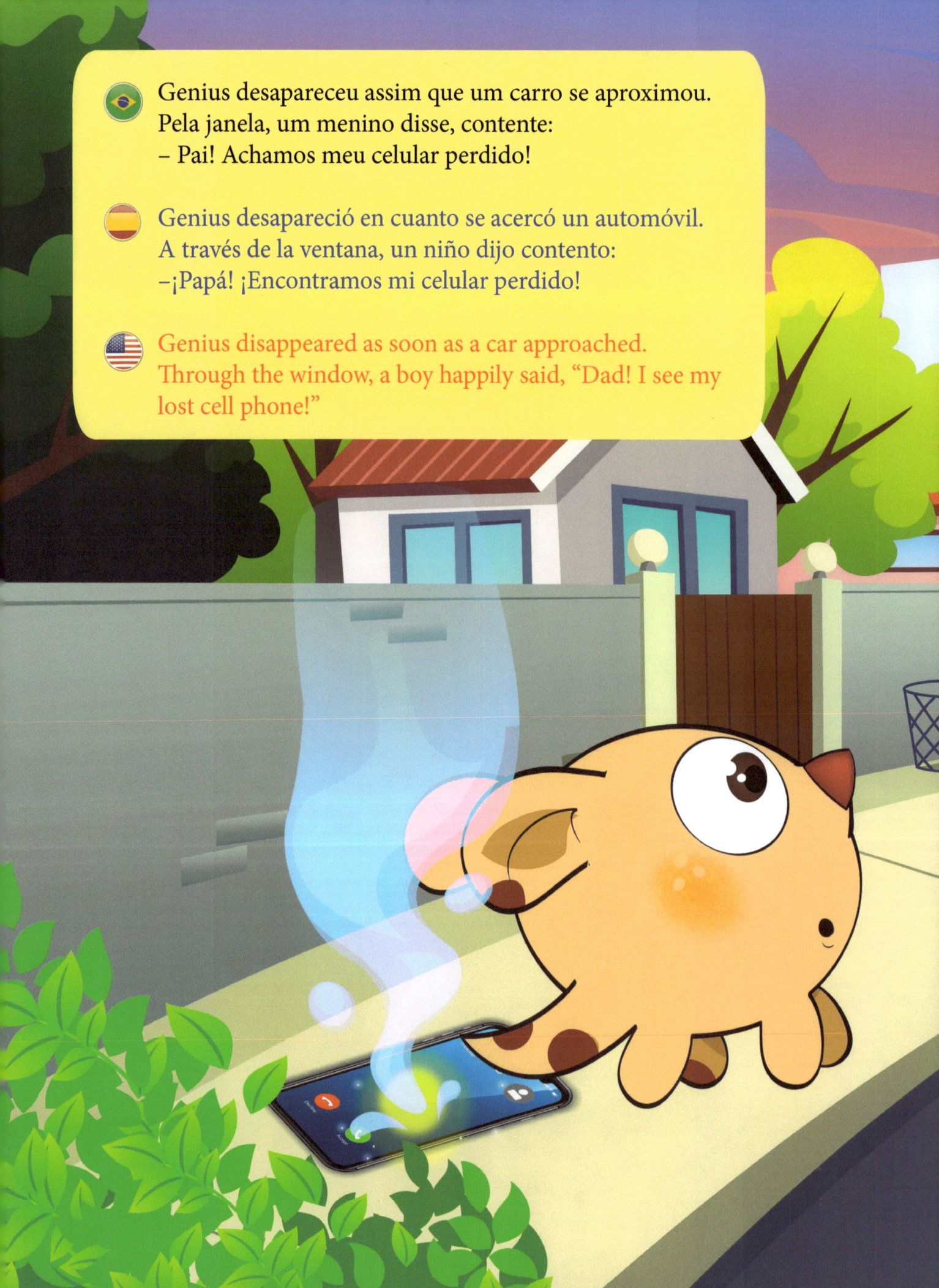

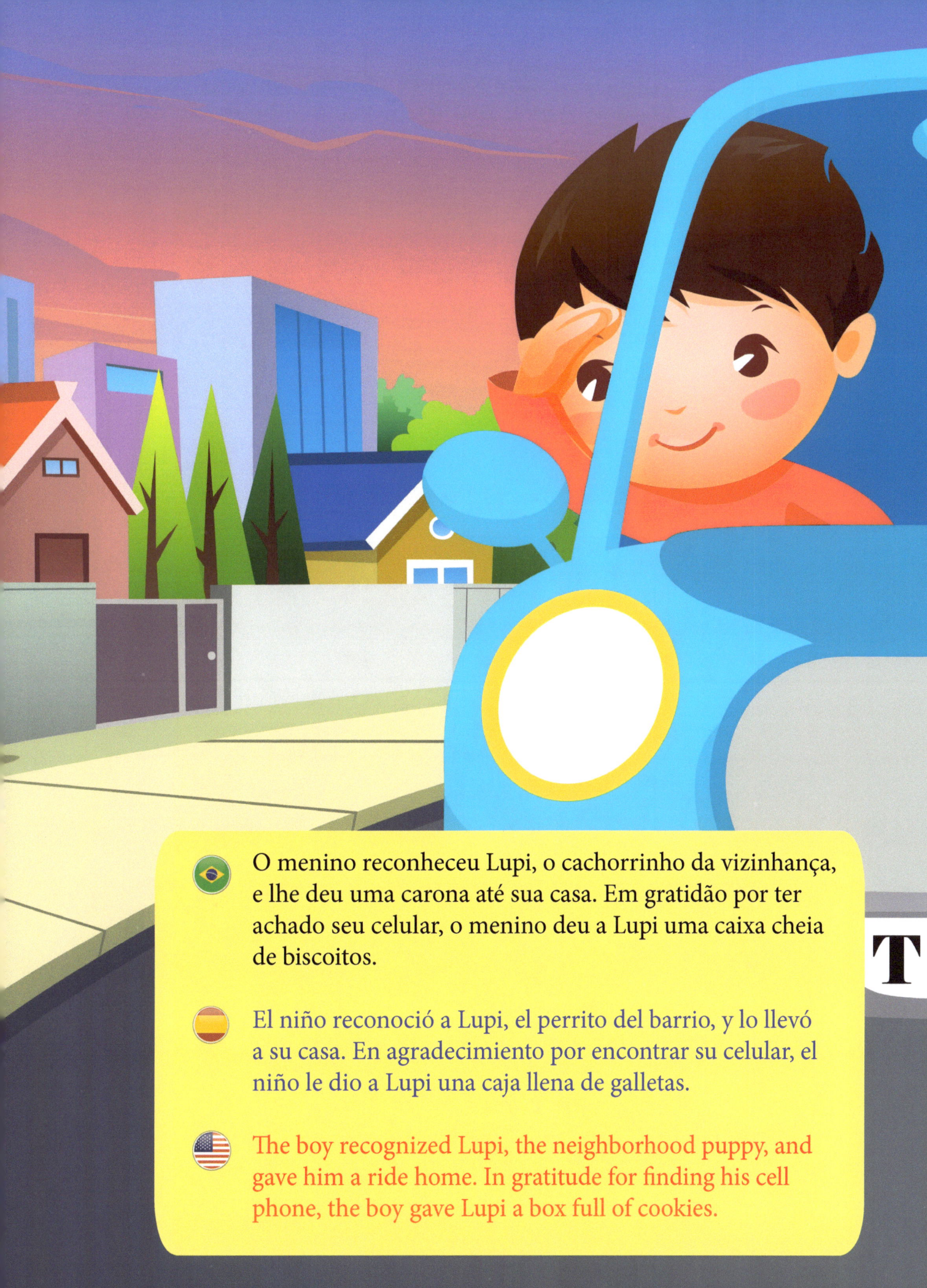

🇧🇷 O menino reconheceu Lupi, o cachorrinho da vizinhança, e lhe deu uma carona até sua casa. Em gratidão por ter achado seu celular, o menino deu a Lupi uma caixa cheia de biscoitos.

🇪🇸 El niño reconoció a Lupi, el perrito del barrio, y lo llevó a su casa. En agradecimiento por encontrar su celular, el niño le dio a Lupi una caja llena de galletas.

🇺🇸 The boy recognized Lupi, the neighborhood puppy, and gave him a ride home. In gratitude for finding his cell phone, the boy gave Lupi a box full of cookies.

🇧🇷 Lupi voltou para casa feliz por ganhar os três desejos do gênio moderno. Agora, ele não tem mais fome, nem medo e aprendeu uma boa lição.

🇪🇸 Lupi regresó a casa feliz de ganar los tres deseos del genio moderno. Ahora ya no tiene hambre, ni miedo y ha aprendido una gran lección.

🇺🇸 Lupi returned home, happy to have been granted three wishes from that modern genie. Now, he is no longer hungry nor afraid, and has learned a good lesson.

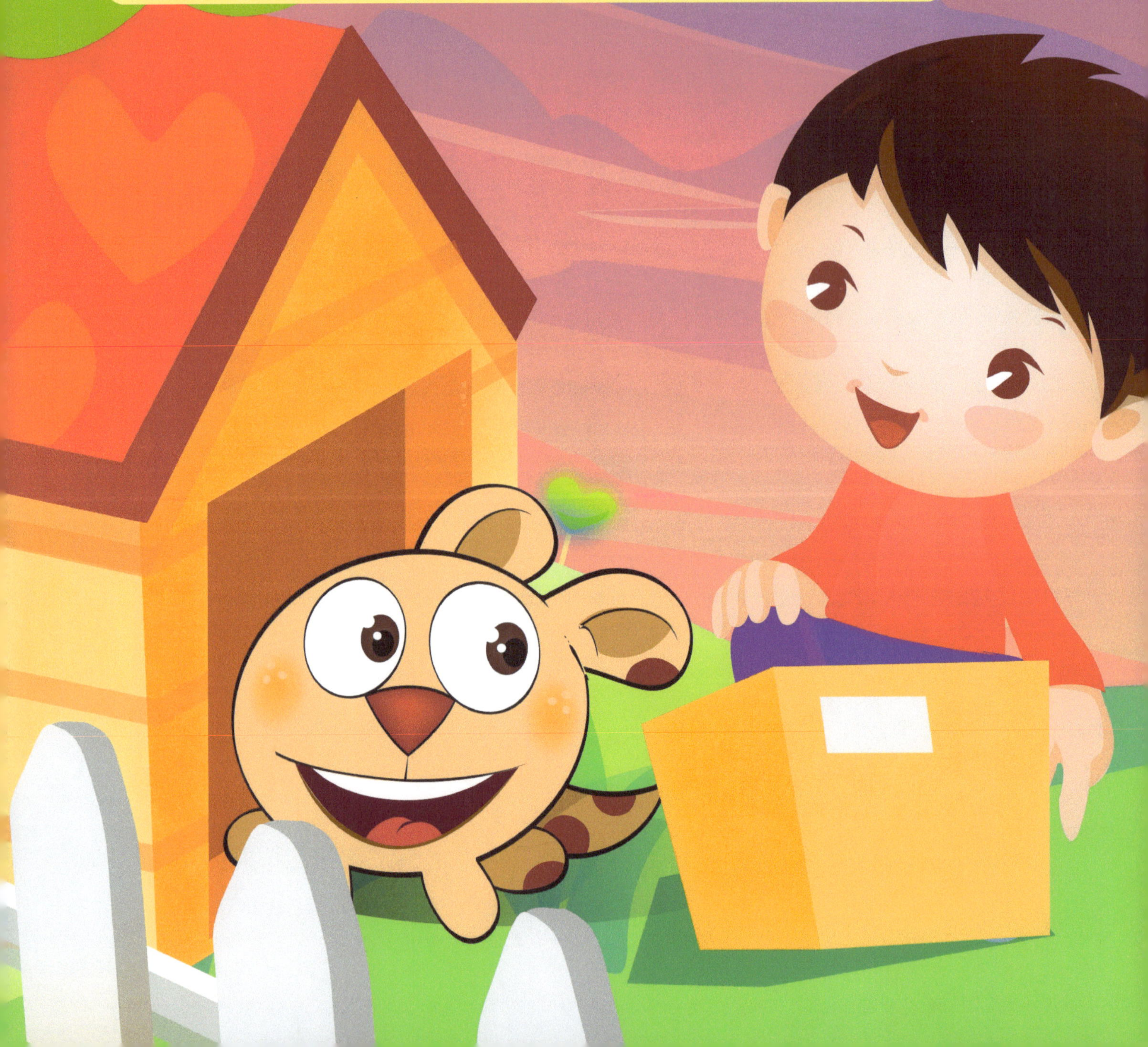

🇧🇷 Com disciplina, só sairá na hora certa. Com solidariedade, dividirá sua caixa de biscoitos com os outros cachorrinhos. E com a fé e conhecimento, não terá mais medo.

🇪🇸 Con disciplina, solo saldrá en el momento adecuado. Con solidaridad, compartirá su caja de galletas con los otros perritos. Y con la fe y conocimiento, ya no tendrá más miedo.

🇺🇸 With discipline, he will only go on walks at the right time. With goodwill, he will share his box of cookies with the other puppies. And with faith with knowledge, he will no longer be afraid.

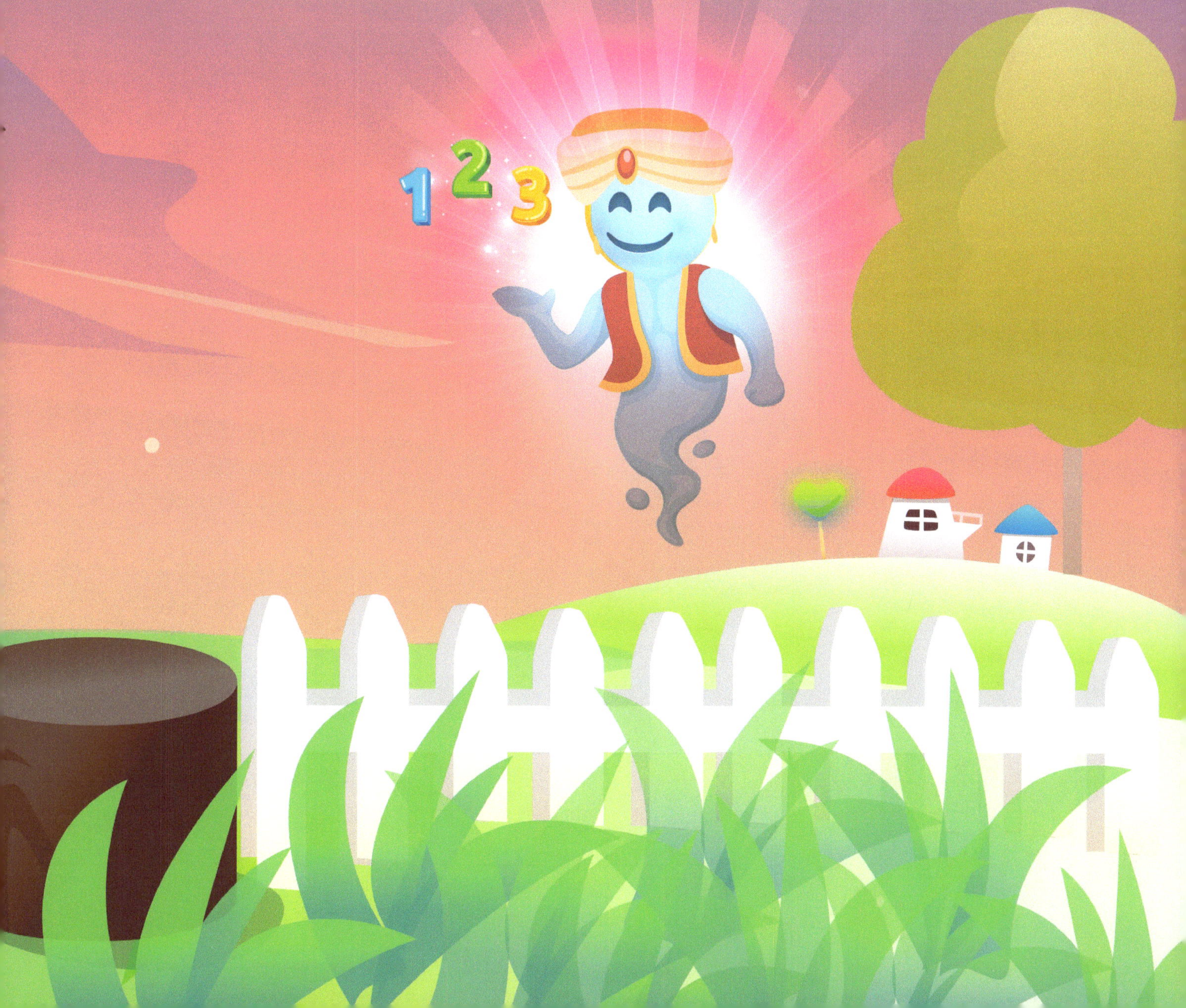

Glossário

Espíritos: São os seres inteligentes do Universo.
Espíritos Puros: Os que são superiores e só fazem o bem.
Bons Espíritos: Os que tem bondade no coração.
Espíritos Imperfeitos: Os que têm muito a se melhorar.
Disciplina: Fazer o certo na hora certa.
Solidariedade: Ajudar às pessoas, mesmo as que não conhecemos.
Fé com conhecimento: Conhecer bem aquilo que acreditamos, para eliminar todos os medos.

Glosario

Espíritus: son los seres inteligentes del Universo.
Espíritus puros: aquellos que son superiores y solo hacen el bien.
Buenos espíritus: aquellos que tienen bondad en el corazón.
Espíritus imperfectos: aquellos que tienen mucho que mejorar.
Disciplina: hacerlo bien en el momento adecuado.
Solidaridad: ayudar a las personas, incluso a aquellos que no conocemos.
Fe con conocimiento: Conocer bien lo que creemos, para eliminar todos los miedos.

Glossary

Spirits: Intelligent beings of the Universe.
Pure Spirits: Spirits who are superior and only do good.
Good Spirits: Spirits who have kindness in their hearts.
Imperfect Spirits: Spirits who need to improve.
Discipline: Doing the right thing at the right time.
Goodwill: Helping people, even those we don't know.
Faith with knowledge: Knowing well what we believe, to eliminate all fears.

Mais informações sobre o autor:
Más informaciones sobre el autor:
More information about the author:

www.luishu.com

Mais informações sobre Espíritos em:
1. KARDEC, Allan. *O Livro dos Espíritos*. Questões 76-131.

Más información sobre Espíritus en:
1. KARDEC, Allan. *El Livro de los Espíritus*. Preguntas 76-131.

More information about Spirits:
1. KARDEC, Allan. *The Spirits' Book*. Questions 76-131.

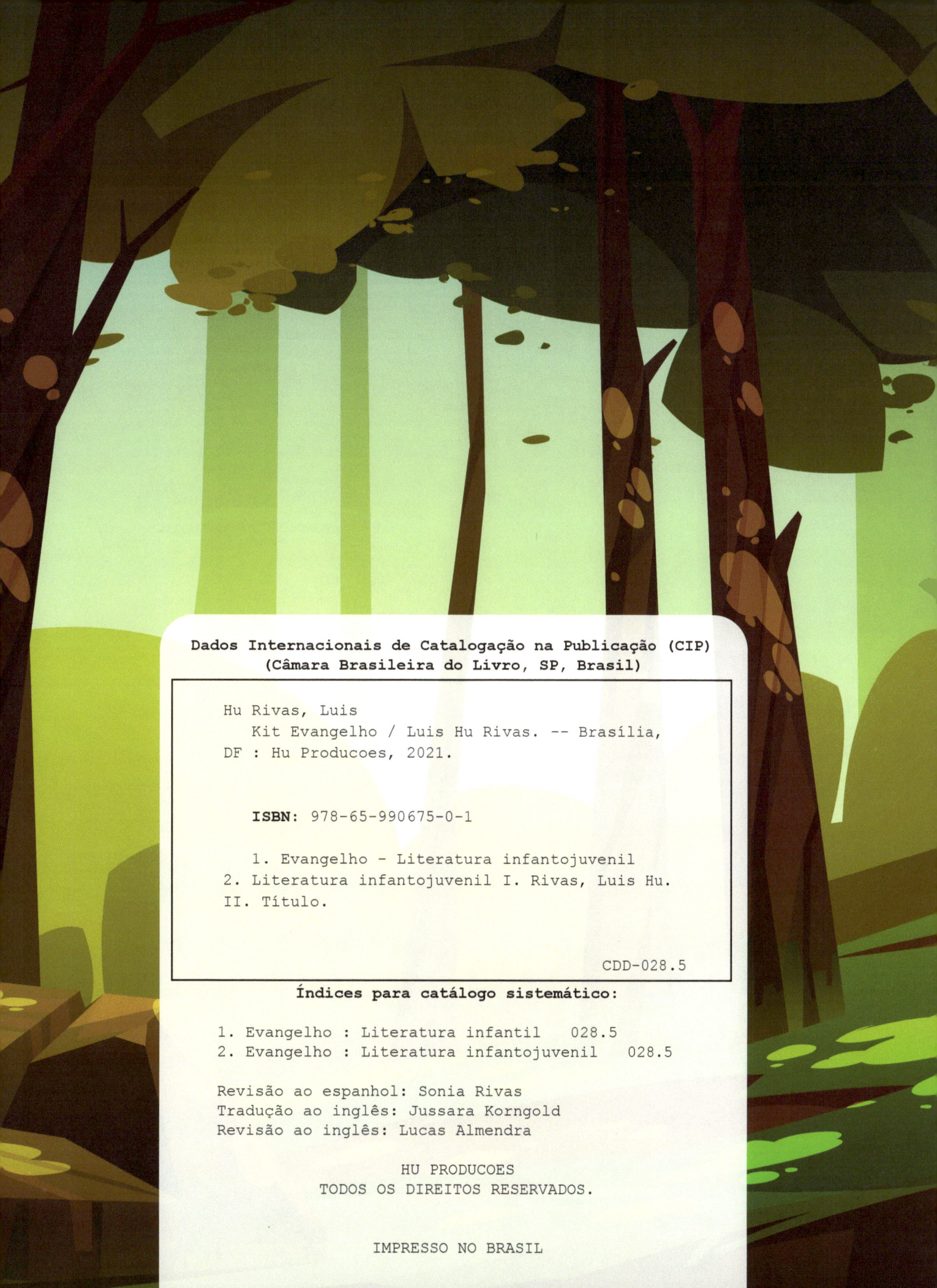

Dados Internacionais de Catalogação na Publicação (CIP)
(Câmara Brasileira do Livro, SP, Brasil)

Hu Rivas, Luis
    Kit Evangelho / Luis Hu Rivas. -- Brasília, DF : Hu Producoes, 2021.

   ISBN: 978-65-990675-0-1

   1. Evangelho - Literatura infantojuvenil
2. Literatura infantojuvenil I. Rivas, Luis Hu.
II. Título.

CDD-028.5

Índices para catálogo sistemático:

1. Evangelho : Literatura infantil   028.5
2. Evangelho : Literatura infantojuvenil   028.5

Revisão ao espanhol: Sonia Rivas
Tradução ao inglês: Jussara Korngold
Revisão ao inglês: Lucas Almendra

HU PRODUCOES
TODOS OS DIREITOS RESERVADOS.

IMPRESSO NO BRASIL

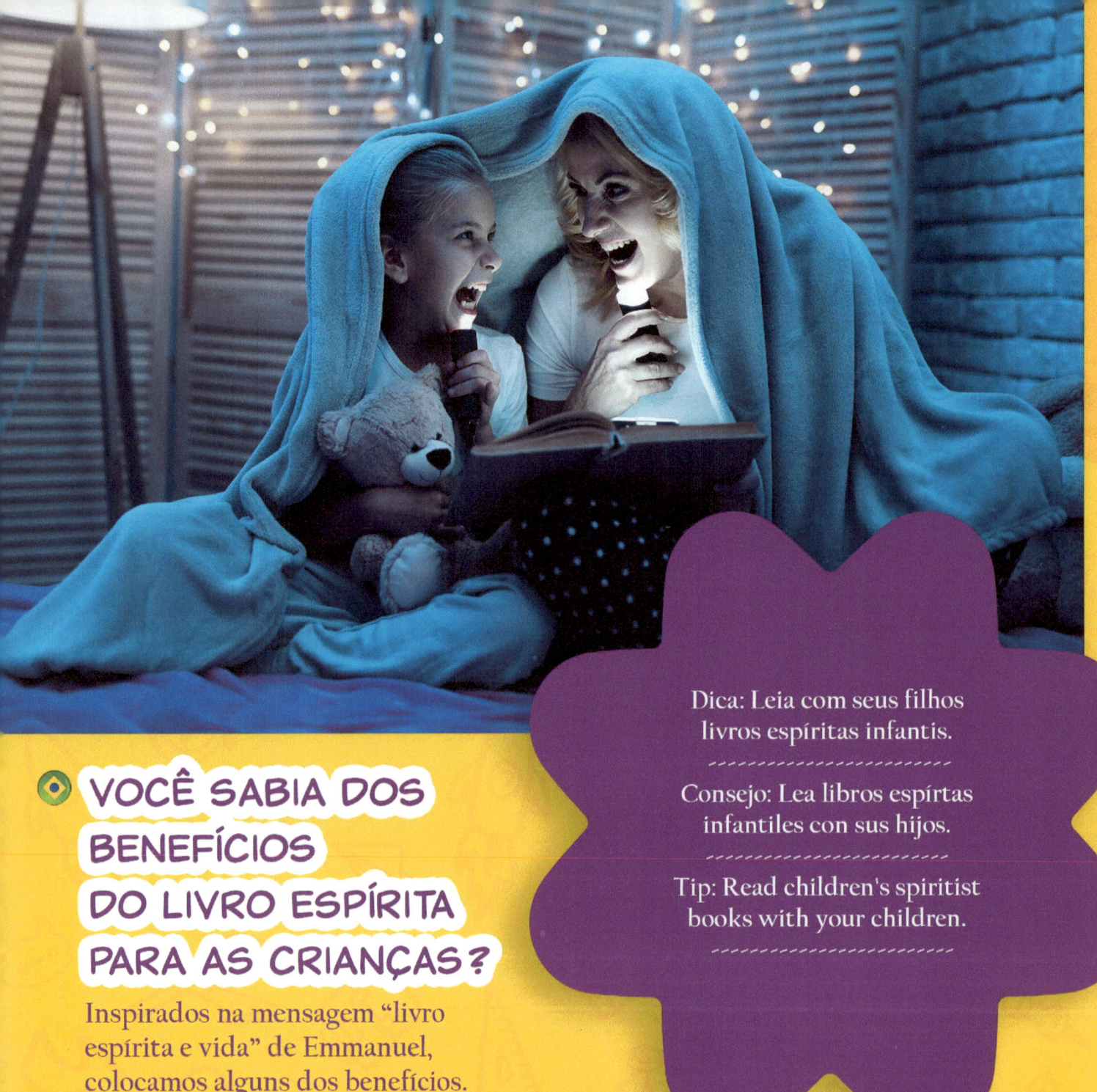

🟢 VOCÊ SABIA DOS BENEFÍCIOS DO LIVRO ESPÍRITA PARA AS CRIANÇAS?

Inspirados na mensagem "livro espírita e vida" de Emmanuel, colocamos alguns dos benefícios.

Dica: Leia com seus filhos livros espíritas infantis.

Consejo: Lea libros espírtas infantiles con sus hijos.

Tip: Read children's spiritist books with your children.

🇪🇸 ¿SABÍAS LOS BENEFICIOS DEL LIBRO ESPÍRITA PARA LOS NIÑOS?

Inspirándonos en el mensaje "libro espírita y vida" de Emmanuel, presentamos algunos de los beneficios.

🇺🇸 ARE YOU AWARE OF THE BENEFITS OF SPIRITIST BOOKS FOR CHILDREN?

Inspired by the message "spiritist book and life" by Emmanuel, we present some of the benefits.

🟢 BENEFÍCIOS 🇪🇸 BENEFICIOS 🇺🇸 BENEFITS

1. O LIVRO ESPÍRITA INFANTIL NOS TRAZ HARMONIA.
2. O LIVRO ESPÍRITA INFANTIL NOS RESGUARDA CONTRA OS PERIGOS DA OBSESSÃO.
3. O LIVRO ESPÍRITA INFANTIL NOS EQUILIBRA A CONSCIÊNCIA.
4. O LIVRO ESPÍRITA INFANTIL NOS EXPLICA O MUNDO ESPIRITUAL.
5. O LIVRO ESPÍRITA INFANTIL NOS PURIFICA A EMOÇÃO.
6. O LIVRO ESPÍRITA INFANTIL NOS RENOVA AS ESPERANÇAS DE UM MUNDO MELHOR.
7. O LIVRO ESPÍRITA INFANTIL NOS ILUMINA O PENSAMENTO DESDE PEQUENOS.

1. EL LIBRO ESPÍRITA INFANTIL NOS TRAE ARMONÍA.
2. EL LIBRO ESPÍRITA INFANTIL NOS PROTEGE DE LOS PELIGROS DE LA OBSESIÓN.
3. EL LIBRO ESPÍRITA INFANTIL EQUILIBRA NUESTRA CONCIENCIA.
4. EL LIBRO ESPÍRITA INFANTIL NOS EXPLICA EL MUNDO ESPIRITUAL.
5. EL LIBRO ESPÍRITA INFANTIL PURIFICA NUESTRAS EMOCIONES.
6. EL LIBRO ESPÍRITA INFANTIL RENUEVA NUESTRAS ESPERANZAS DE UN MUNDO MEJOR.
7. EL LIBRO ESPÍRITA INFANTIL ILUMINA NUESTRO PENSAMIENTO DESDE TEMPRANA EDAD.

1. CHILDREN'S SPIRITIST BOOK BRINGS US HARMONY.
2. CHILDREN'S SPIRITIST BOOK PROTECTS US AGAINST THE DANGERS OF OBSESSION.
3. CHILDREN'S SPIRITIST BOOK BALANCES THEIR CONSCIENCE.
4. CHILDREN'S SPIRITIST BOOK EXPLAINS THE SPIRITUAL WORLD TO THEM.
5. CHILDREN'S SPIRITIST BOOK PURIFIES THEIR EMOTIONS.
6. CHILDREN'S SPIRITIST BOOK RENEWS THEIR HOPES FOR A BETTER WORLD.
7. CHILDREN'S SPIRITIST BOOK ILLUMINATES THEIR THOUGHTS FROM AN EARLY AGE.

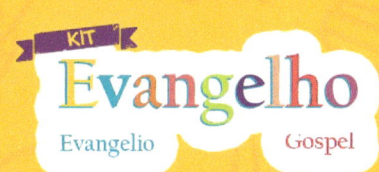

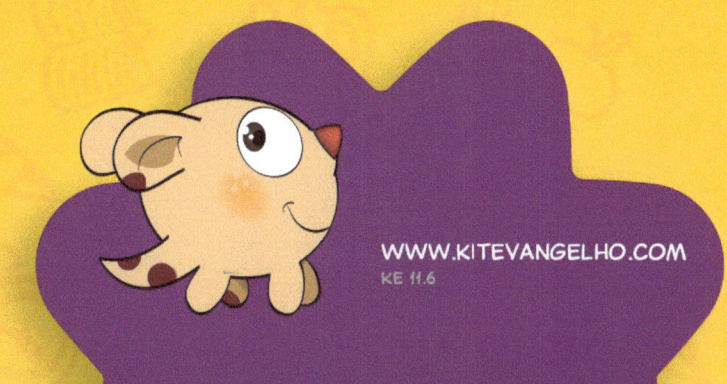

WWW.KITEVANGELHO.COM
KE 11.6

- Use sua imaginação e preencha os espaços.
- Usa tu imaginación y completa los espacios.
- Use your imagination and fill in the blanks.

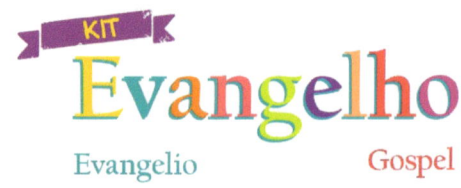

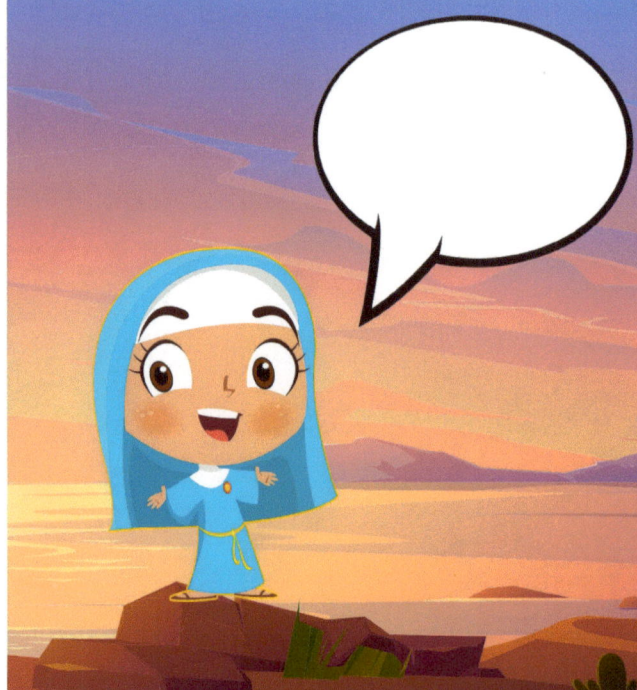
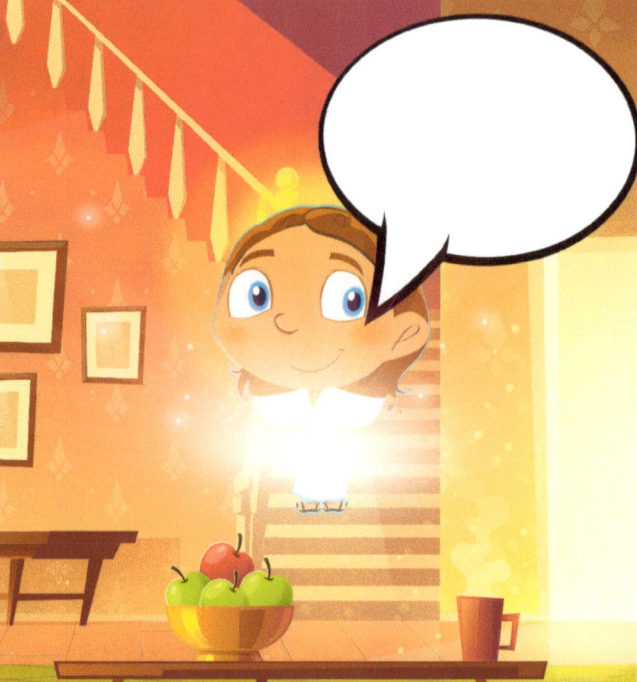

WWW.KITEVANGELHO.COM
KE 11.2

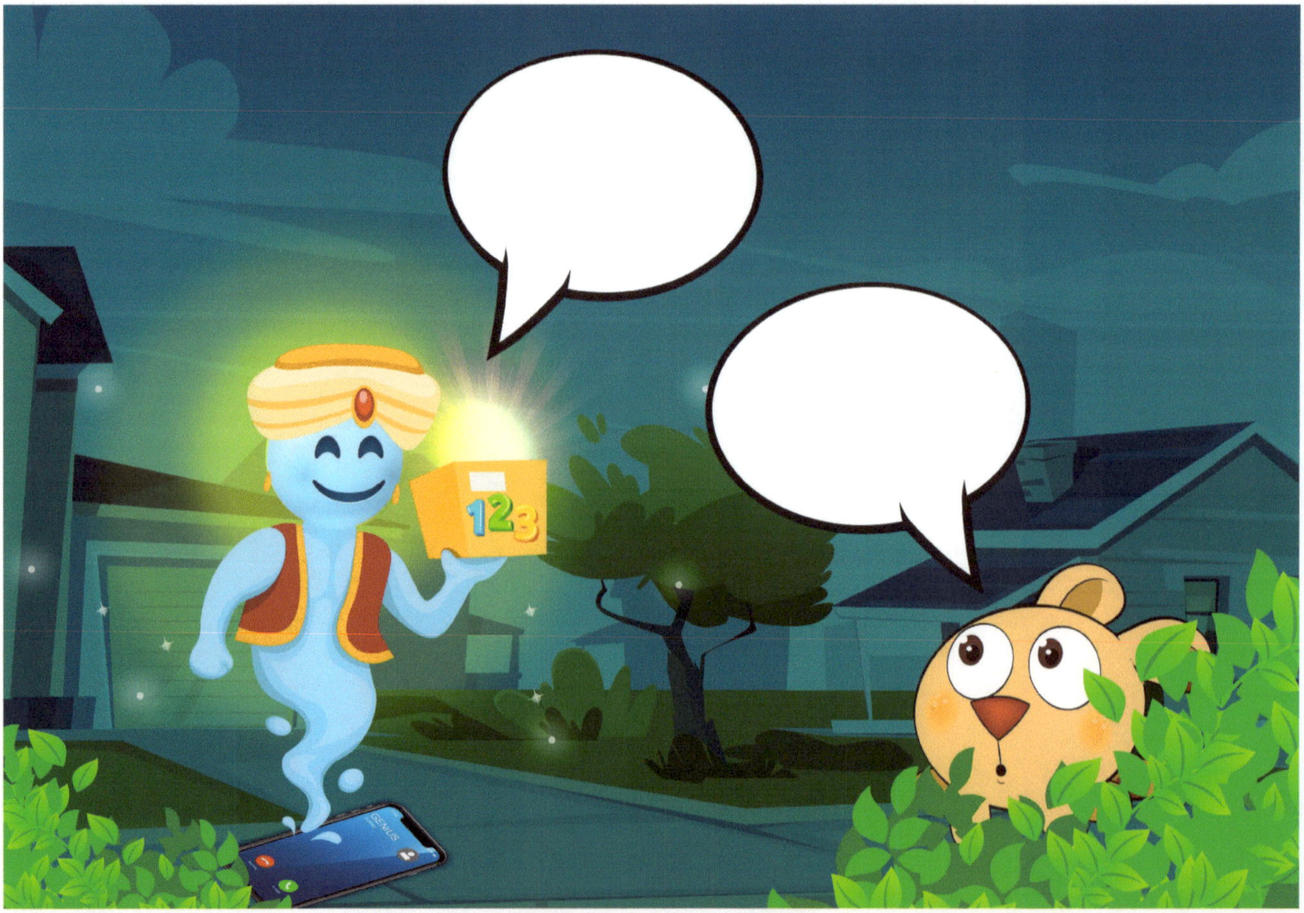

Crie seu conto sobre Espíritos.
Crea tu cuento sobre la Espíritus.
Create your own Spirits' tale.

Use sua imaginação e preencha os espaços.
Usa tu imaginación y completa los espacios.
Use your imagination and fill in the blanks.

ERA UMA VEZ UM MENINO CUJO NOME ERA:
ÉRASE UNA VEZ UN NIÑO CUYO NOMBRE ERA:
ONCE UPON A TIME THERE WAS A BOY WHOSE NAME WAS:

ELE GOSTAVA DE:
A ÉL LE GUSTABA:
HE LIKED:

UM DIA FOI A UMA CACHOEIRA E CONHECEU:
UN DÍA FUE A UNA CASCADA Y CONOCIÓ:
ONE DAY HE WENT TO A WATERFALL AND HE MET:

CONTINUE O CONTO:
CONTINÚA EL CUENTO:
CONTINUE THE TALE:

DESENHE AQUI SEU ESPÍRITO GUIA
DIBUJA AQUÍ TU ESPÍRITU GUÍA
DRAW HERE YOUR GUIDING SPIRIT

COM SUA AJUDA, APRENDEU A DISCIPLINA E DISSE:
CON SU AYUDA, APRENDIÓ LA DISCIPLINA Y DIJO:
WITH HIS HELP, HE LEARNED THE DISCIPLINE AND SAID:

FIM - FIN - THE END

KIT Evangelho
Evangelio — Gospel

Os Bons Espíritos têm bondade no coração.
Los Buenos espíritus tienen bondad en el corazón.
Good Spirits have kindness in their hearts.

Colorir - Colorear - Color

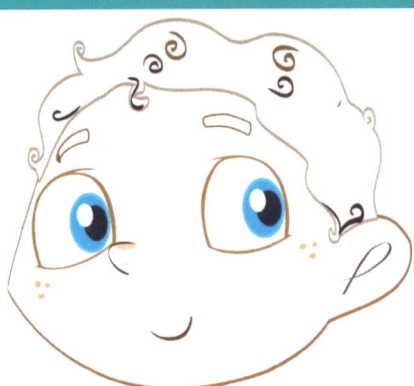

Qual será o nome do amigo de Lupi?
¿Cómo se llama el amigo de Lupi?
What's the name of Lupi's friend?

Nome:
Nombre:
Name:

Copie o desenho - Copia el dibujo - Copy the picture.

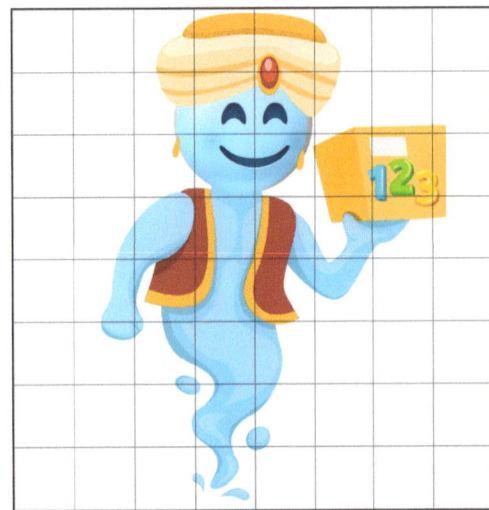
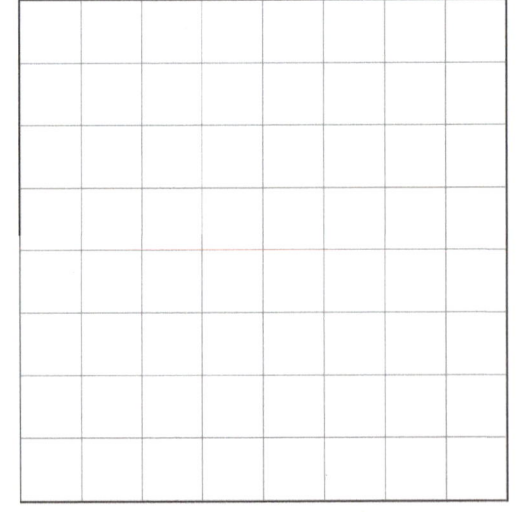

WWW.KITEVANGELHO.COM
KE 11.1

Caça-palavras - Pupiletras - Word search

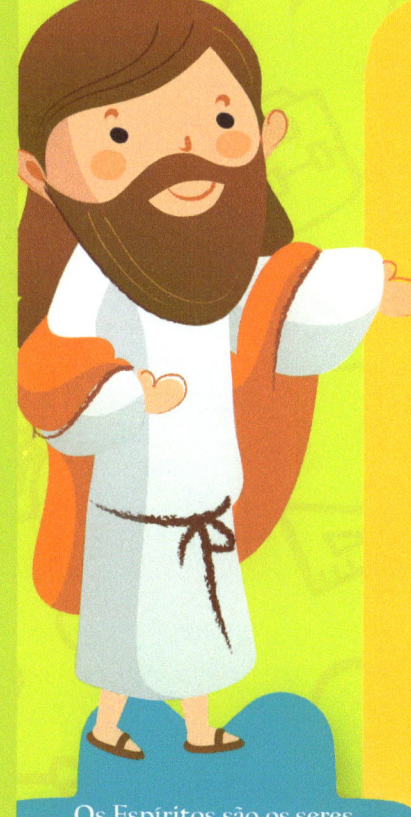

```
A S N O B P I L E T N O
M B A N P U F A N S I S
U I M P E R F E C T O S
O A E R E O D S O C T O
S Y R A M S R P U E U R
P M P R C C U I T F L U
U A U S M I E D R R O P
R D S U H O R A A E V O
E O T E L N G E N P E R
S O T I E F R E P M I P
P G S O N E U B A I O B
```

Os Espíritos são os seres inteligentes do Universo.

Los Espíritus son los seres inteligentes del Universo.

The Spirits are intelligent beings of the Universe.

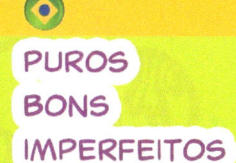

PUROS
BONS
IMPERFEITOS

PUROS
BUENOS
IMPERFECTOS

PURES
GOOD
IMPERFECTS

Devemos amar e cuidar de todos os seres.
Debemos amar y cuidar de todos los seres.
We must love and take care of all beings.

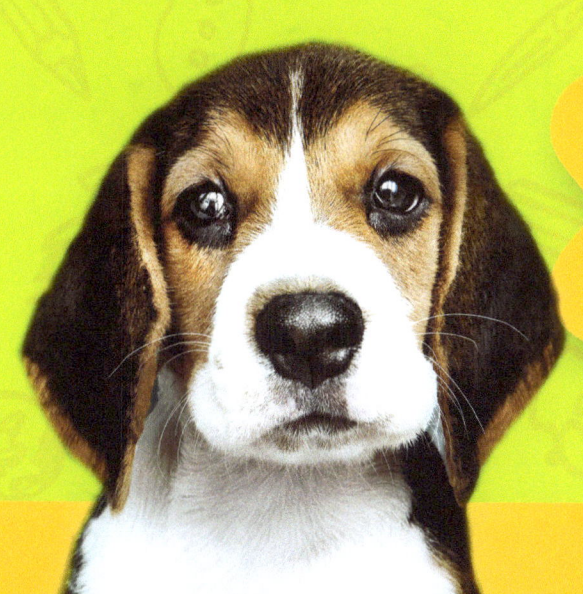

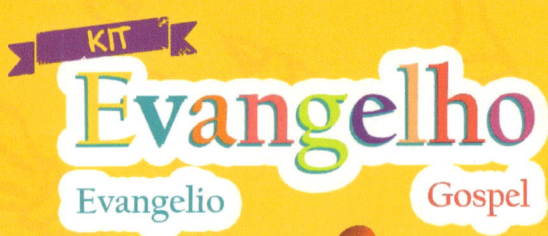

Existem três níveis de Espíritos.
Hay tres niveles de Espíritus.
There are three orders of Spirits.

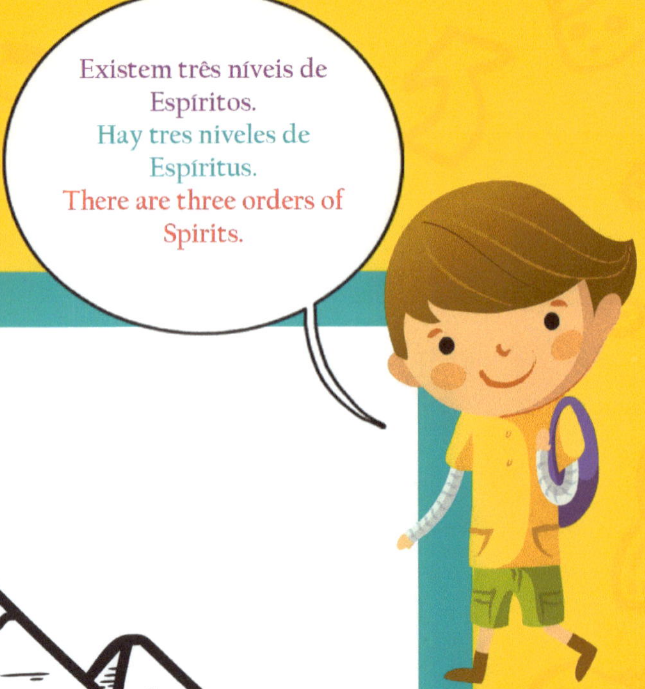

Colorir - Colorear - Coloring

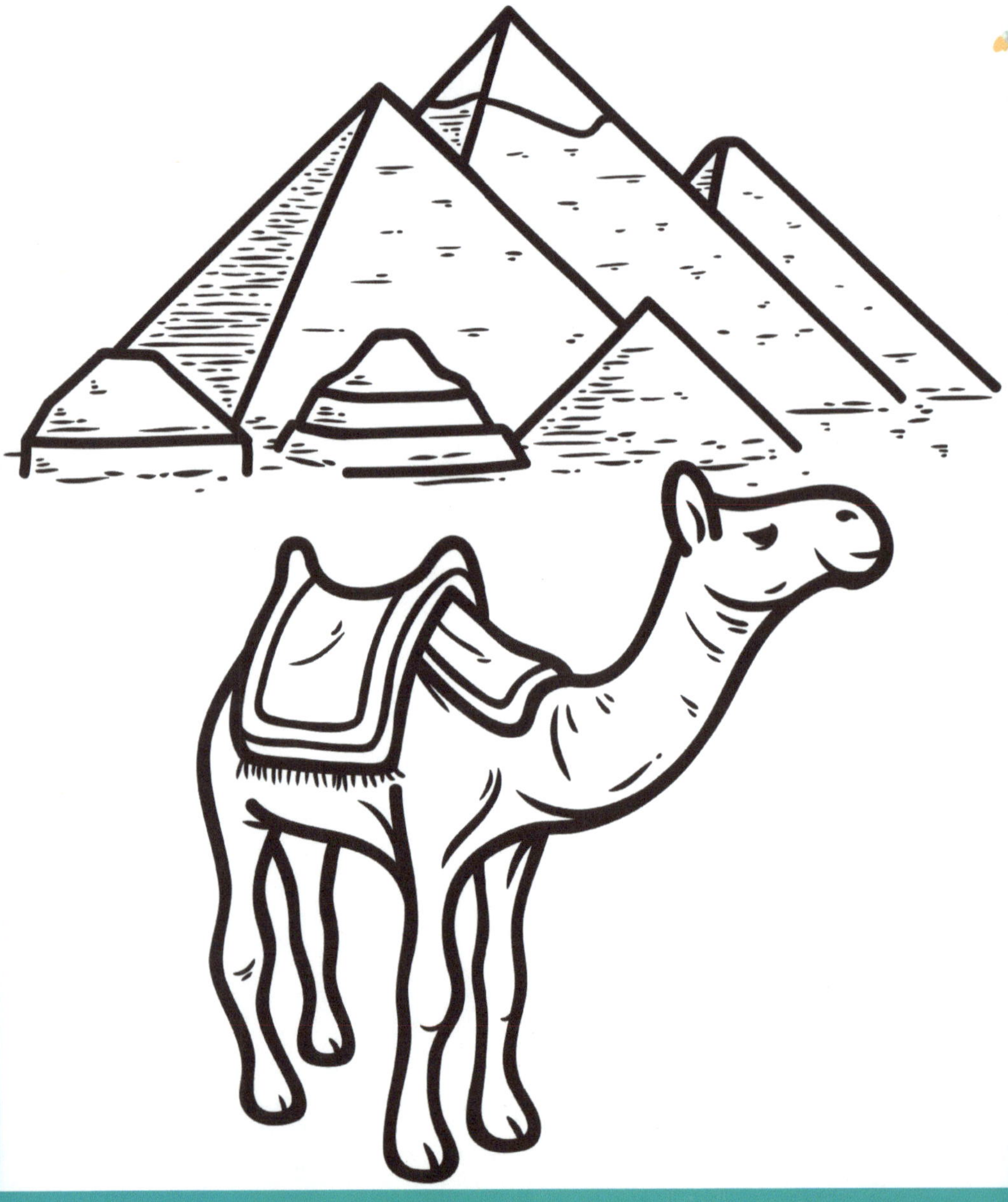

Laberinto - laberinto - Maze

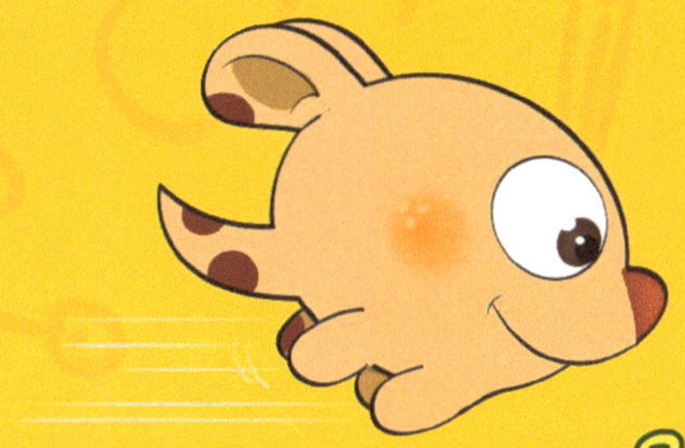

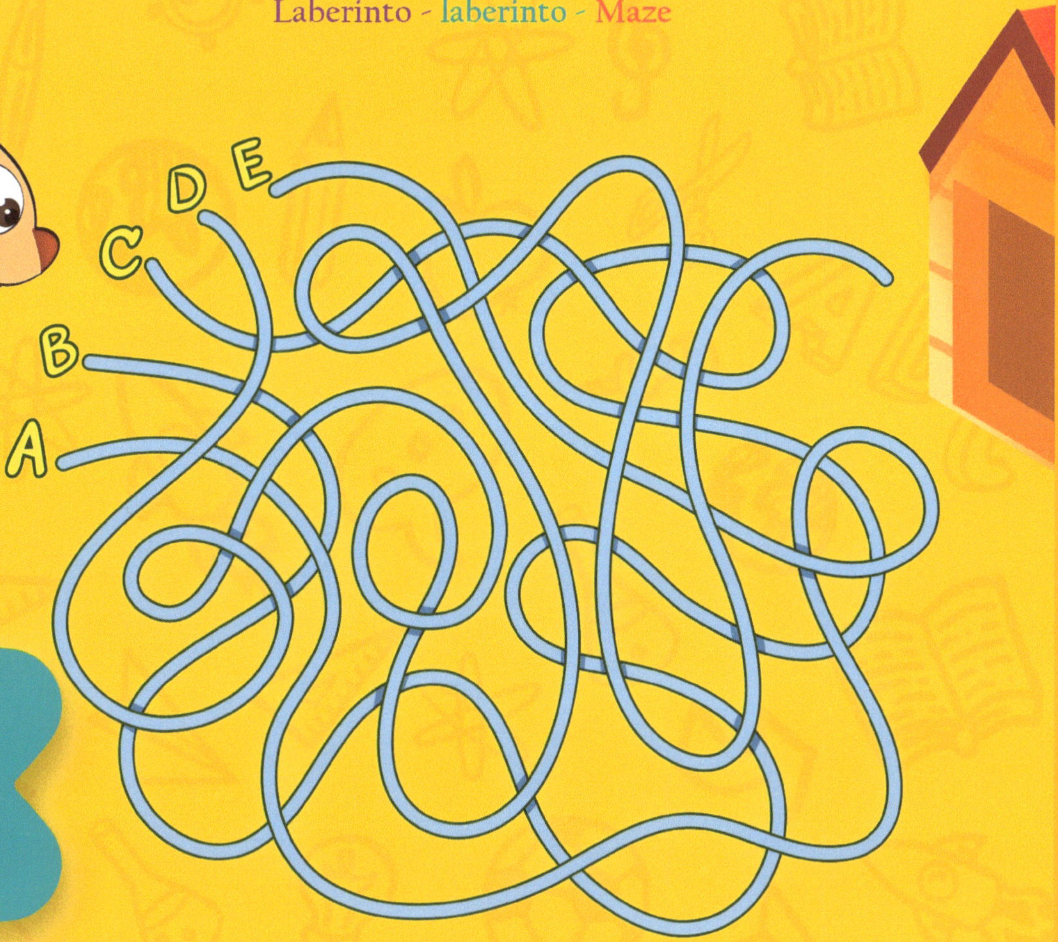

Vamos ajudar Lupi a voltar para a casa?

¿Vamos a ayudar a Lupi a regresar a casa?

Are we going to help Lupi get back to home?

Encontre a sombra certa - Juego de las sombras - Shadow Matching Game

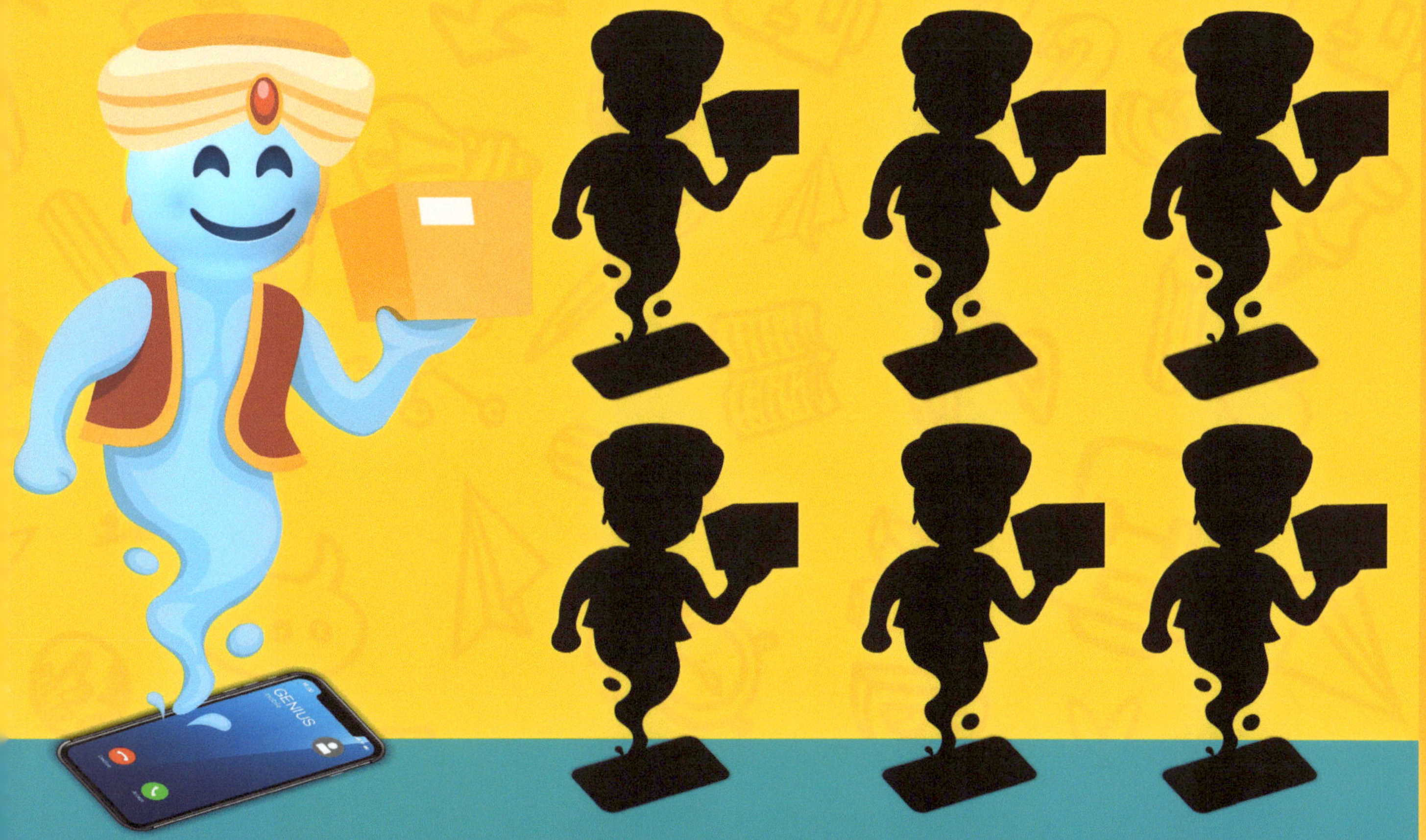

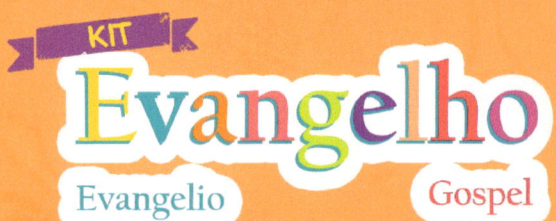

Evangelho
Evangelio   Gospel

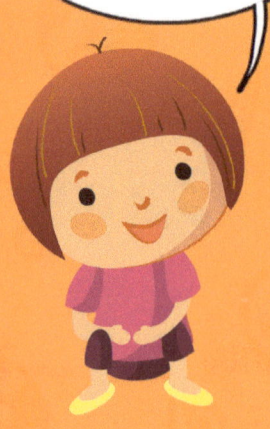

O que será que Lupi está pensando?
¿Qué es lo que Lupi está pensando?
What is Lupi thinking?

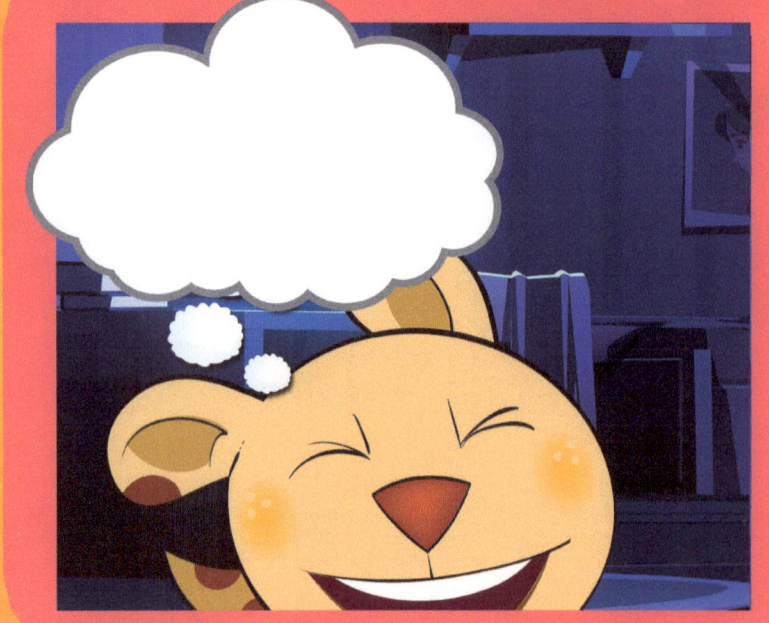

Coloque o número correto.
Pon el número correcto.
Match the correct numbers with the faces.

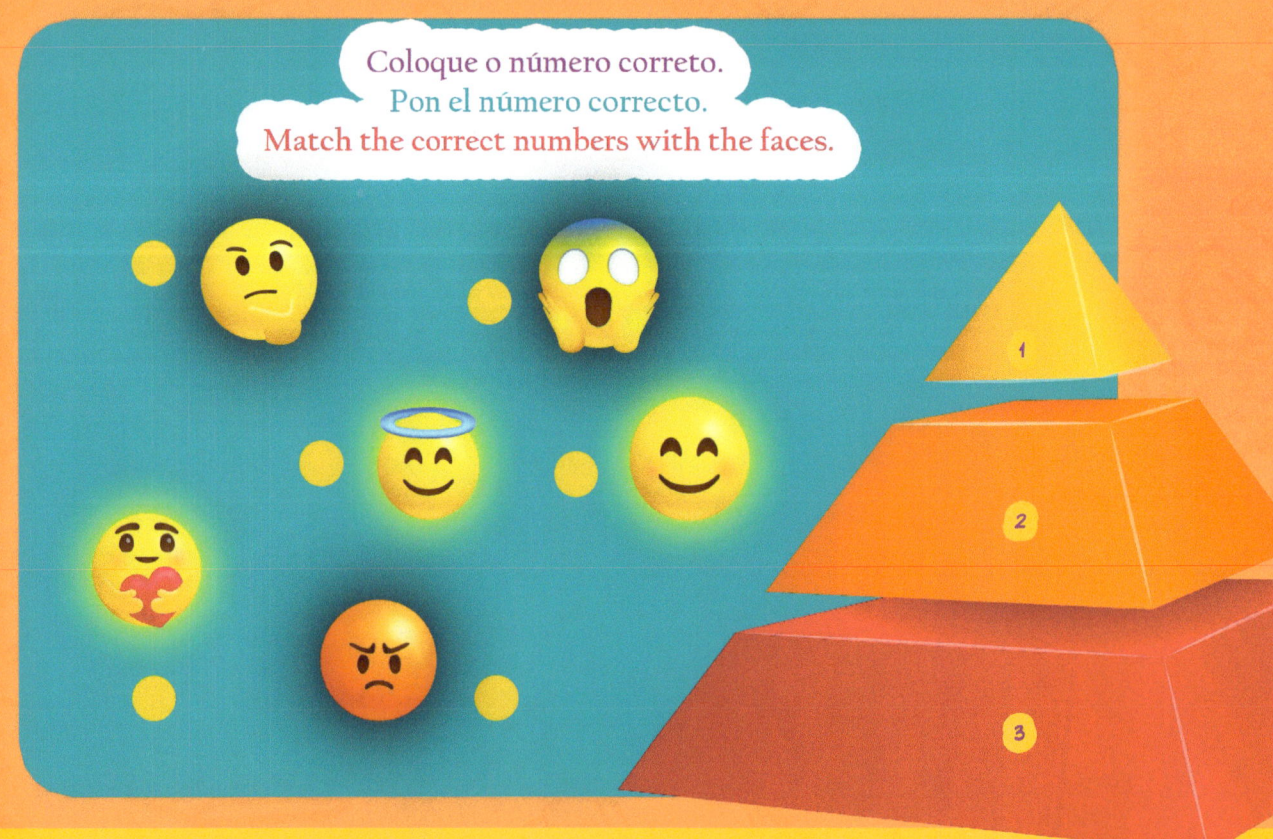

WWW.KITEVANGELHO.COM
KE 11.3

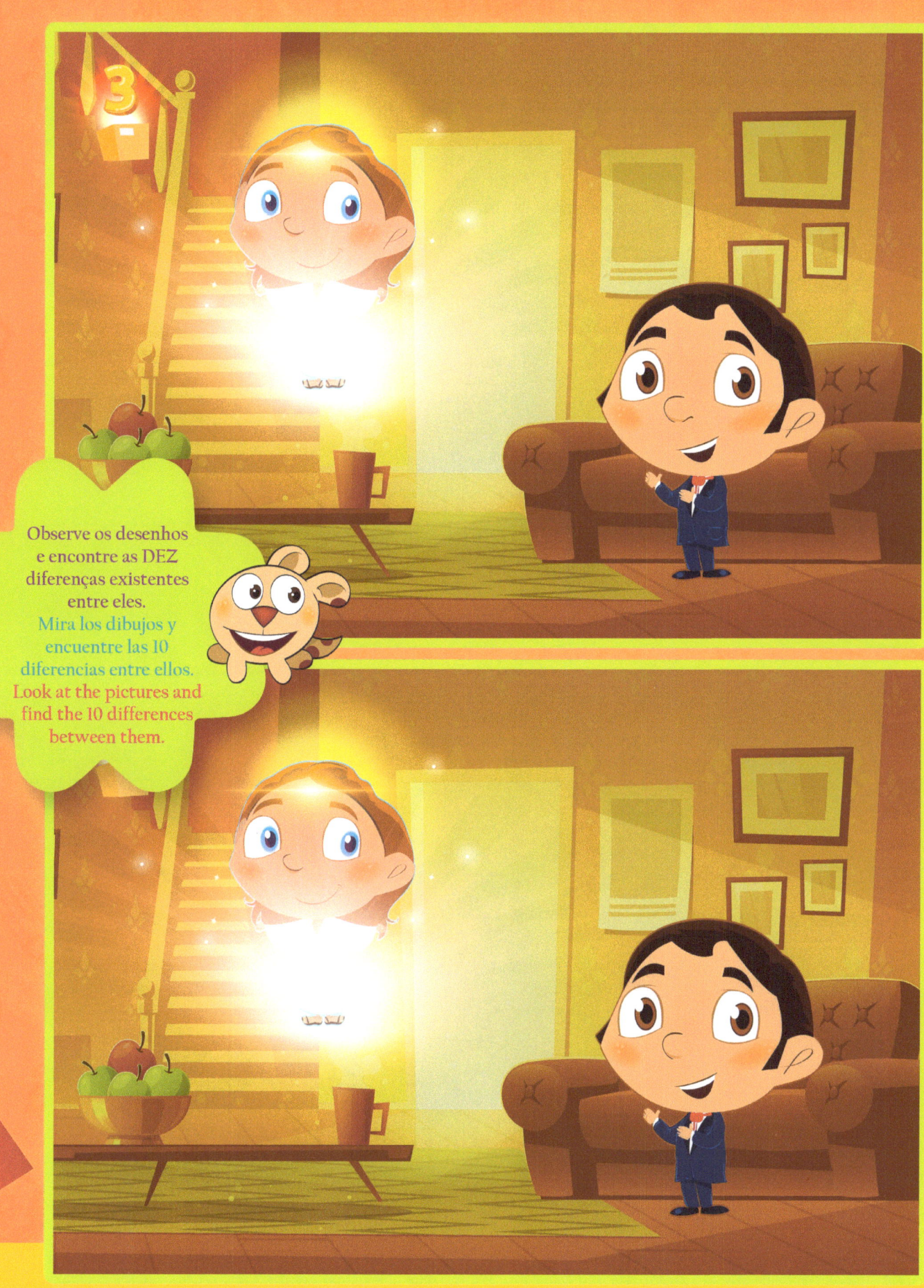

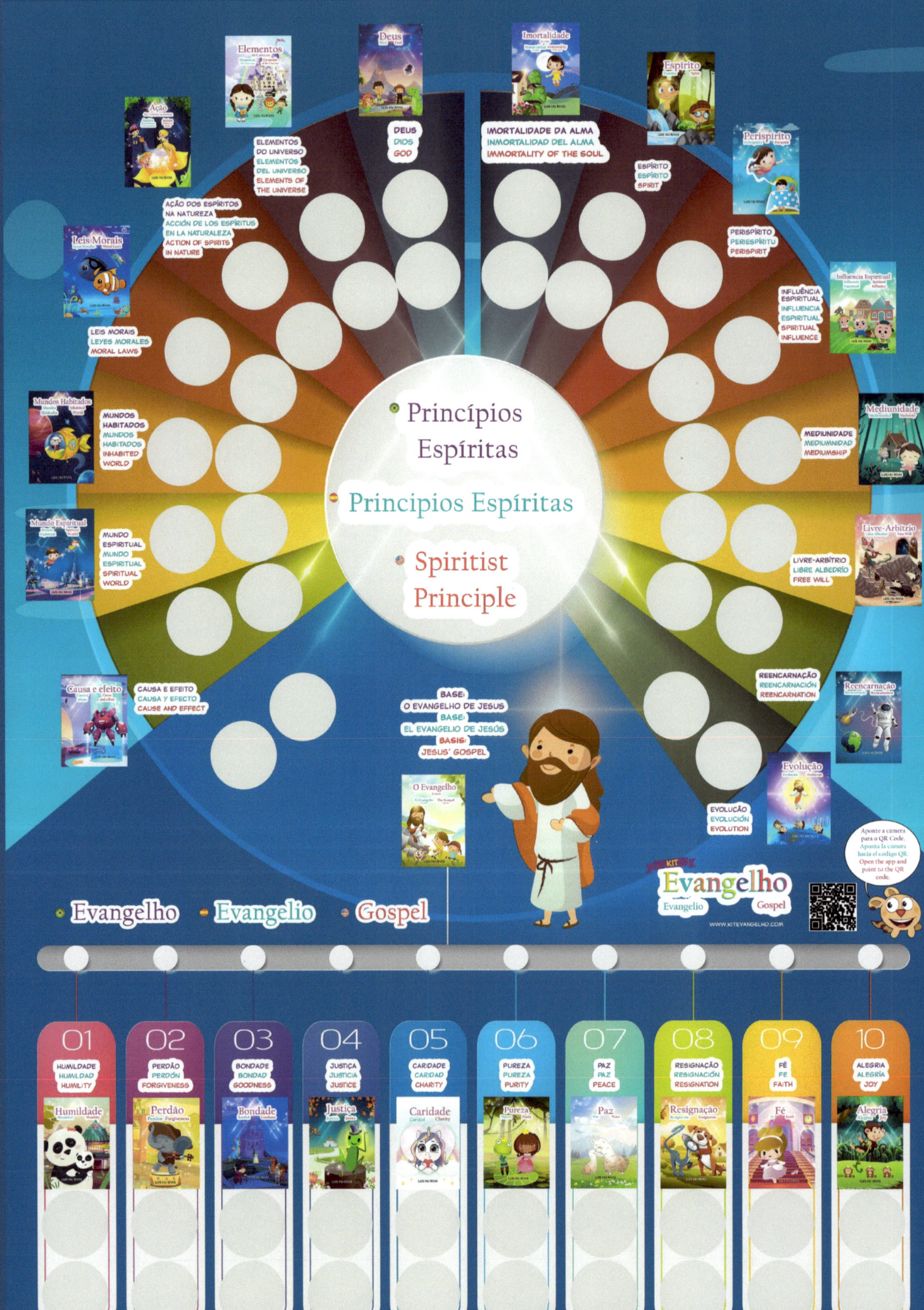

KIT Evangelho
Evangelio — Gospel

Cutout template

- 1. ESPÍRITOS PUROS / ESPÍRITUS PUROS / 1. PURE SPIRITS
- 2. BONS ESPÍRITOS / BUENOS ESPÍRITUS / 2. GOOD SPIRITS
- 3. ESPÍRITOS IMPERFEITOS / ESPÍRITUS IMPERFECTOS / 3. IMPERFECT SPIRITS

WWW.KITEVANGELHO.COM

Complete sua coleção 🌐 Completa tu colección

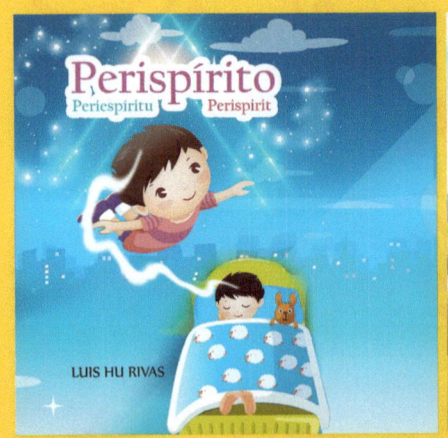
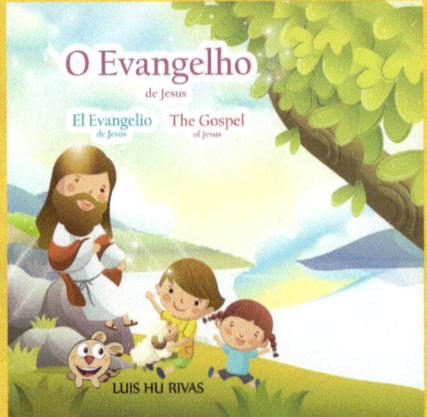
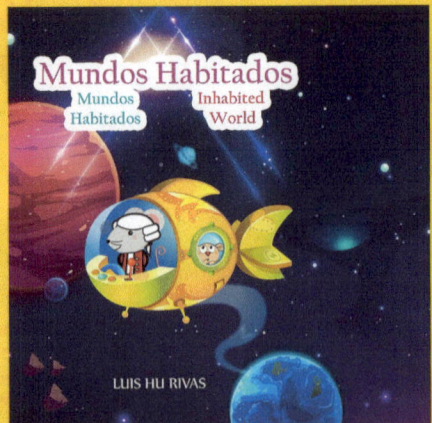
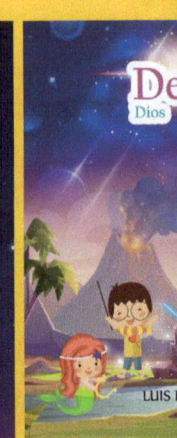
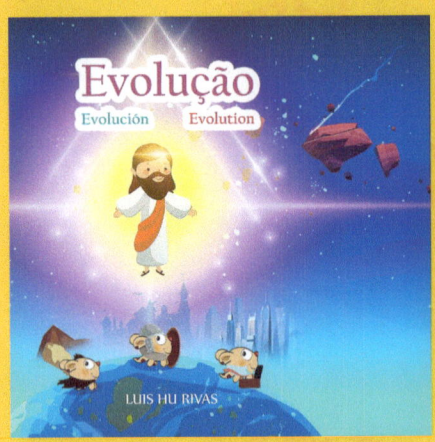
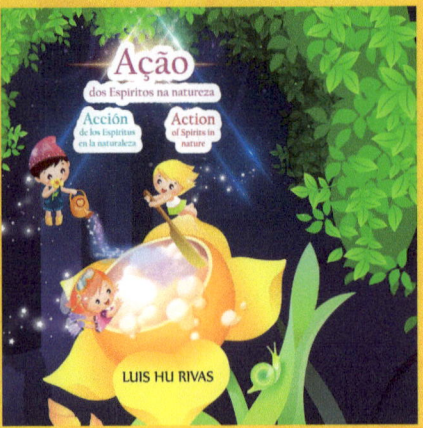
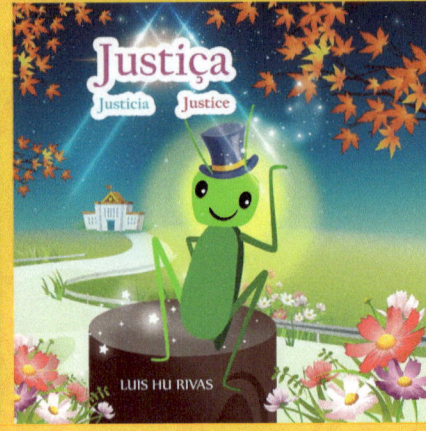
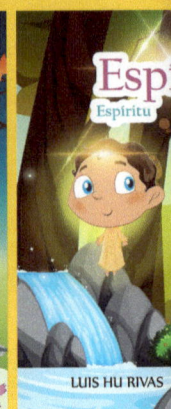
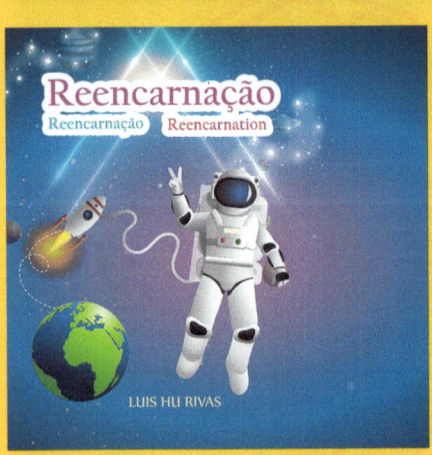
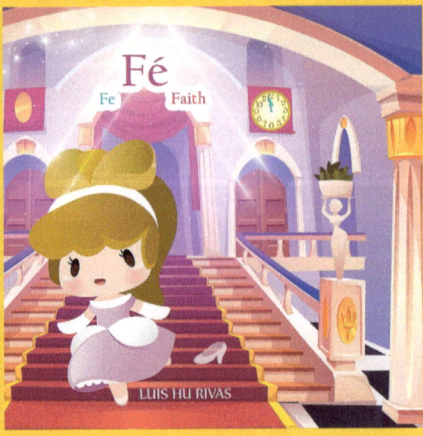
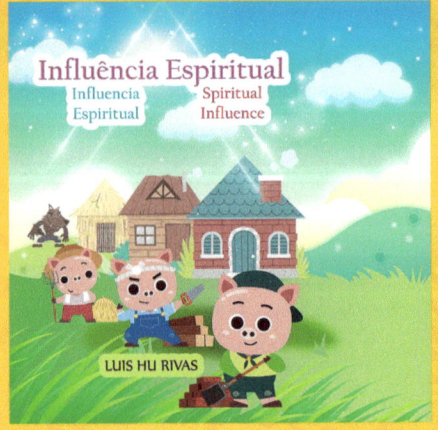
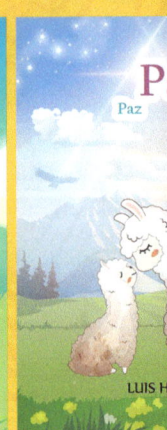
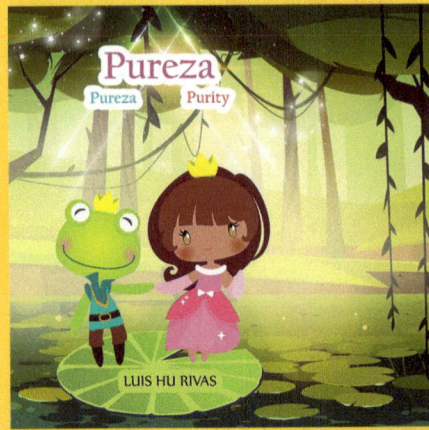
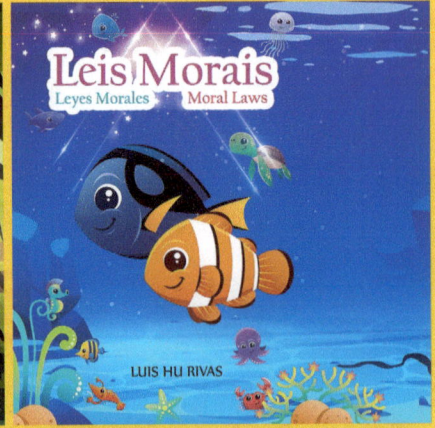
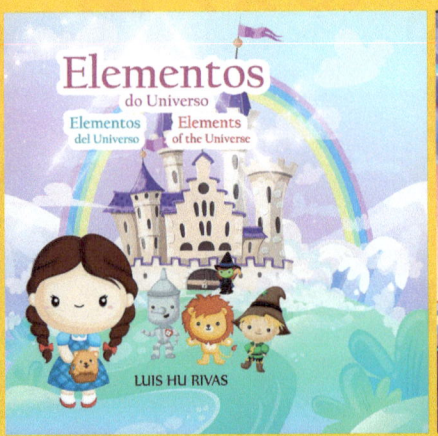
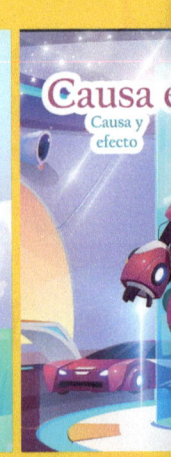

Complete your collection

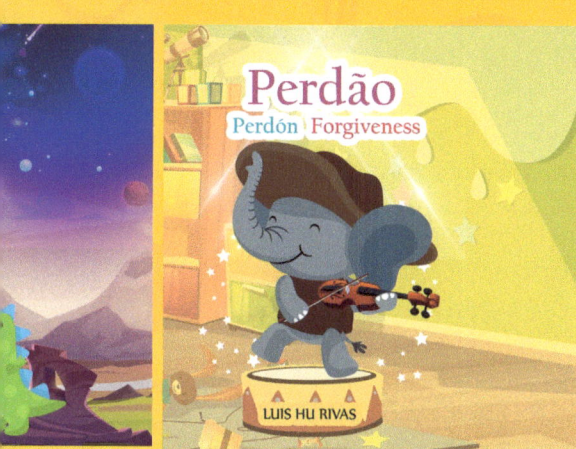
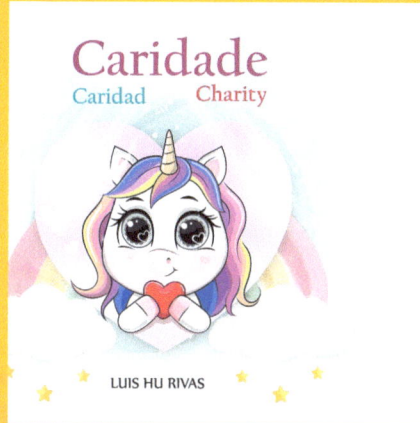
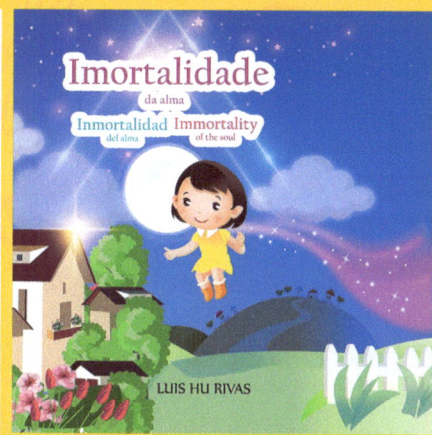
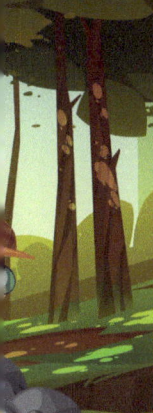
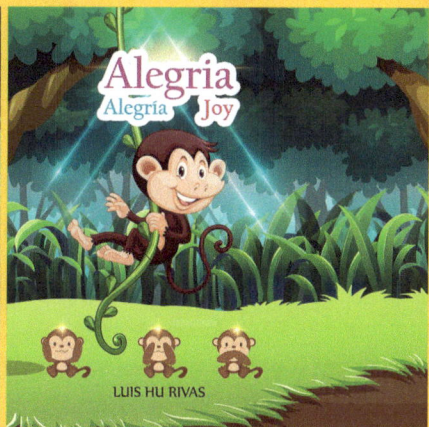
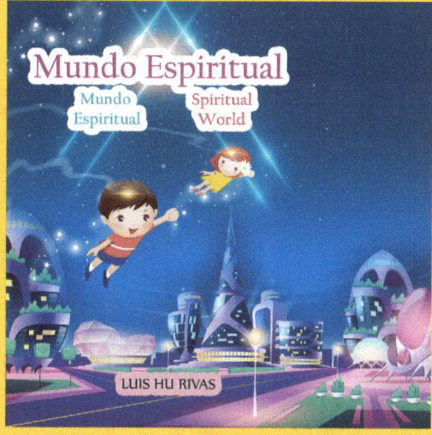
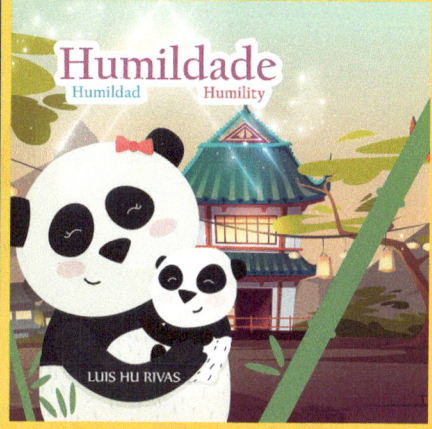
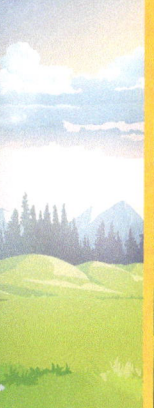
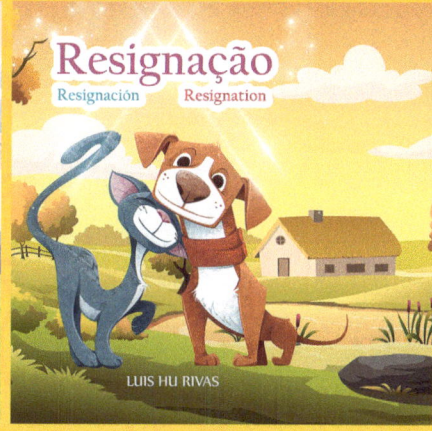
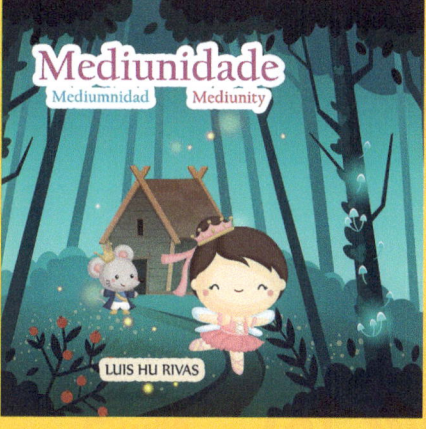
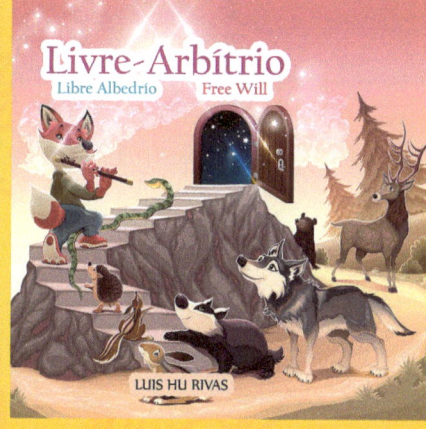
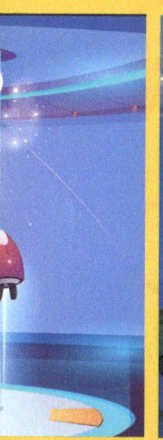
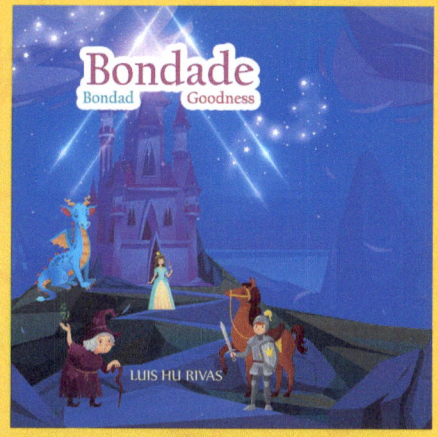

🇧🇷 Vamos conhecer ensinamentos de luz que trazem paz e felicidade aos nossos corações.

🇪🇸 Vamos a conocer enseñanzas de luz que traen paz y felicidad a nuestros corazones.

🇺🇸 Let's get to know enlightening teachings that bring peace and happiness to our hearts.

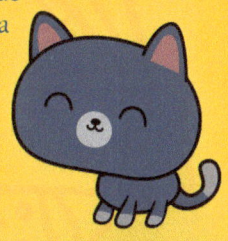

🇧🇷

Ao lado de um simpático gênio, você vai se divertir para valer!
Embarque em uma emocionante história ilustrada, com muitos ensinamentos luminosos.
Usando sua imaginação, você vai descobrir respostas a perguntas como:
Todos os Espíritos são iguais? Quem são os Espíritos amigos? Como os bons Espíritos nos ajudam? O que é espírito?

🇪🇸

¡Junto a un simpático genio, te divertirás mucho!
Embárcate en una emocionante historia ilustrada, con muchas enseñanzas luminosas.
Usando tu imaginación, descubrirás respuestas a preguntas como:
¿Son todos los Espíritus iguales? ¿Quiénes son los Espíritus amigos? ¿Cómo nos ayudan los buenos Espíritus? ¿Qué es el espíritu?

🇺🇸

Come and join us on this incredible adventure with a nice genie. It will be really fun! Join us on an exciting illustrated story, with many inspiring teachings.
With this reading you will also find answers to questions such as:
Are all spirits the same? Who are the friendly Spirits? How do good spirits help us? What is spirit?

HU PRODUÇÕES

www.ingramcontent.com/pod-product-compliance
Lightning Source LLC
Chambersburg PA
CBHW040412220526
45473CB00004B/1216